35일 완성 신 내공 중학 공략 영단어 1

KB135760

35일 완성 신 내공 중학공략 영단어 **1**

지은이 김형규, 이건희, 박건후
펴낸이 정규도
펴낸곳 (주)다락원

초판 1쇄 발행 2015년 3월 2일
초판 6쇄 발행 2022년 12월 9일

편집 김민아, 이동호, 김민주, 서정아
디자인 김나경, 임미영
영문 감수 Mark Holden

다락원 경기도 파주시 문발로 211
내용문의: (02)736-2031 내선 504
구입문의: (02)736-2031 내선 250~252
Fax: (02)732-2037
출판등록 1977년 9월 16일 제406-2008-000007호

값 8,500원

ISBN 978-89-277-0755-4 54740
      978-89-277-0754-7 54740 (set)

http://www.darakwon.co.kr

• 다락원 홈페이지를 방문하시면 상세한 출판정보와 함께 동영상강좌,
  MP3자료 등 다양한 어학 정보를 얻으실 수 있습니다.

중학교 12종 교과서 완벽 분석

35일 완성

내신공략

중학 영단어

김형규 | 이건희 | 박건후 지음

1

DARAKWON

내공 중학 영단어 시리즈는 오로지 교과서에 맞춘 중학교 어휘 책입니다. 12종 교과서 핵심 어휘들과 함께 교과서 관련 어구, 교과서 응용 문장, 학교 시험에서 자주 출제되는 5가지 대표 어휘 유형을 반복 훈련하면서 어휘 실력을 향상합니다.

★ (내신 기본 단어 + 내신 심화 단어) × 교과서 관련 어구 → 20단어 + @

★ 내신 기초 쌓기 + 내신 기초 쌓기 추가 문장 → 20문장

★ 내신 실전 문제 → 내신 대표 어휘 유형 문제 풀이

35일 완성

교과서 단어가 한눈에 보이는 3단 구성!

내신 기본 단어

❶ 표제어
교육부 권장 어휘 및 12종 교과서에서 빈도수를 기준으로 중학교 핵심 어휘를 엄선하였습니다.

❷ 뜻
교과서에서 쓰이고 있는 표제어의 의미를 한눈에 보여 줍니다.

❸ 교과서 관련 어구
단어의 쓰임을 품사별로 정리하여 보다 쉽게 어구를 이해할 수 있습니다.

내신 심화 단어

내신 기본 단어 이외에 학생들이 자주 시험에서 틀리거나 철자가 어려운 어휘를 모아 심화어로 선정하였습니다.

귀여운 꿀벌이 다양한 표정으로 심화 포인트를 알려 줍니다.

🏵 내신 기초 쌓기

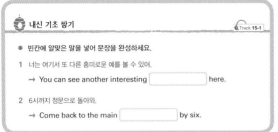

앞에서 학습한 교과서 핵심 단어와 관련 어구를 활용하여 교과서 응용 문장을 쉽게 완성합니다.

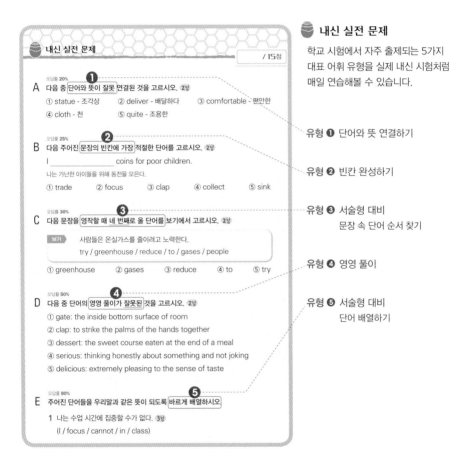

🥚 내신 실전 문제

학교 시험에서 자주 출제되는 5가지 대표 어휘 유형을 실제 내신 시험처럼 매일 연습해볼 수 있습니다.

유형 ❶ 단어와 뜻 연결하기

유형 ❷ 빈칸 완성하기

유형 ❸ 서술형 대비
문장 속 단어 순서 찾기

유형 ❹ 영영 풀이

유형 ❺ 서술형 대비
단어 배열하기

그 밖에 **교육부 권장 어휘**와 **교과서 빈도수**를 표시한 **Index**와 **3종 이상의 다양한 테스트지**를 원하는 대로 뽑아 쓸 수 있는 **문제출제프로그램**으로 중학교 핵심 어휘를 완벽하게 학습할 수 있습니다. (http://voca.darakwon.co.kr)

목차

발음기호표

a	ㅏ	**line** [lain] 선	e	ㅔ	**bed** [bed] 침대
i	ㅣ	**pin** [pin] 핀	o	ㅗ	**bowl** [boul] 그릇
u	ㅜ	**book** [buk] 책	ɔ	ㅗ (ㅓ에 가까운)	**dog** [dɔ(:)g] 개
ʌ	ㅓ (강한)	**bus** [bʌs] 버스	ə	ㅓ (약한)	**again** [əgén] 다시
æ	ㅐ	**cat** [kæt] 고양이	ɛ	ㅔ (약한)	**bear** [bɛər] 곰

자음

b	ㅂ	**bike** [baik] 자전거	d	ㄷ	**door** [dɔ:r] 문
g	ㄱ	**game** [geim] 게임	h	ㅎ	**house** [haus] 집
k	ㅋ	**cake** [keik] 케이크	l	ㄹ	**lion** [láiən] 사자
m	ㅁ	**milk** [milk] 우유	n	ㄴ	**nose** [nouz] 코
p	ㅍ	**pen** [pen] 펜	r	ㄹ	**ring** [riŋ] 반지
s	ㅅ	**song** [sɔ(:)ŋ] 노래	t	ㅌ	**tiger** [táigər] 호랑이
v	ㅂ	**violin** [vàiəlín] 바이올린	f	ㅍ	**free** [fri:] 자유의
z	ㅈ	**rose** [rouz] 장미	ð	ㄷ	**mother** [mʌðər] 어머니
θ	ㅆ	**three** [θri:] 셋	ʃ	쉬	**she** [ʃi:] 그녀
tʃ	취	**chair** [tʃɛər] 의자	ŋ	받침ㅇ	**king** [kiŋ] 왕
dʒ	쥐 (강한)	**jam** [dʒæm] 잼	ʒ	쥐	**vision** [víʒən] 시력
j	이	**yellow** [jélou] 노란색	w	우	**window** [wíndou] 창문

알아야 할 내용

🐝 첫째

각 단어 앞의 표시들은 그 단어의 품사, 즉 성격을 나타내 줍니다.

281 **cloth**   몡 천
[klɔːθ]   참 clothes 옷

동 동사   움직임이나 상태를 나타내는 말입니다.

대 대명사 사람이나 사물의 이름을 대신 나타냅니다.

명 명사   이 세상에 존재하는 모든 것들의 이름을 나타냅니다.

형 형용사 명사나 대명사의 모양, 상태, 성질 등을 나타냅니다.

부 부사   동사나 형용사 또는 다른 부사의 뜻을 더 자세히 나타냅니다.

전 전치사 명사 앞에 와서 시간, 장소, 방향 등을 나타냅니다.

접 접속사 단어와 단어, 문장과 문장 등을 연결해 주는 말입니다.

조 조동사 동사의 의미를 풍부히 하기 위한 동사의 도우미 동사입니다.

감 감탄사 놀람, 느낌, 부름이나 대답을 나타내는 말입니다.

🐝 둘째

각 단어는 하나의 품사로 쓰이기도 하고 두 개 이상의 품사로 쓰이기도 합니다.
하나의 품사인 경우에도 뜻이 여럿인 경우가 있습니다. 그런 경우 다음과 같이
정리합니다.

1 한 단어에 뜻이 여럿인 경우에 숫자로 구분합니다.

   way 몡 1 길   2 방법

2 품사가 두 개 이상인 경우에는 따로 표시합니다.

   show 몡 쇼

        동 보여주다

3 기타 여러 가지 유용한 표현은 다음과 같이 정합니다.

   숙 숙어

   반 반대어

   유 유의어

   참 참고어

   파 파생어

   혼 혼동어

   복 복수형

DAY 01~35

🔷 내신 기본 단어

---

001 much
[mʌtʃ]

혱 (양이) 많은
윤 many (수가) 많은

☐ **much** sugar
많은 설탕

---

002 name
[neim]

몡 이름

☐ last **name**
성

---

003 look
[luk]

동 1 보다
　2 ~로 보이다
쉱 look at ~을 보다

☐ **look** sick
아파 보이다
☐ **look** at me
나를 보다

---

004 blind
[blaind]

혱 눈이 먼

☐ **blind** people
눈이 먼 사람들

---

005 other
[ʌ́ðər]

혱 다른
쉱 each other 서로

☐ **other** teachers
다른 선생님들
☐ love each **other**
서로 사랑하다

---

006 begin
[bigín]

동 시작하다
• begin-began-begun

☐ **begin** to talk
이야기하기 시작하다

---

007 people
[píːpl]

몡 사람들

☐ young **people**
젊은 사람들

---

008 problem
[prɑ́bləm]

몡 문제
윤 trouble

☐ no **problem**
문제없다

---

009 again
[əgén]

부 다시

☐ once **again**
다시 한 번

010 together
[təgéðər]

부 함께

☐ all **together**
다 함께

011 idea
[aidíːə]

명 생각

☐ a good **idea**
좋은 생각

012 too
[tuː]

부 ~도 또한

☐ me **too**
나도 또한

013 way
[wei]

명 1 길 2 방법

☐ on my **way** home
나의 집으로 가는 길에

☐ a different **way**
다른 방법

014 little
[lítl]

형 1 작은 2 어린

☐ a **little** garden
작은 정원

☐ a **little** boy
어린 남자아이

015 show
[ʃou]

명 쇼
동 보여주다
• show-showed-shown

☐ a fashion **show**
패션 쇼

☐ **show** some pictures
몇몇 사진을 보여주다

016 hand
[hænd]

명 손

☐ **hand** in **hand**
손에 손잡고

017 follow
[fálou]

동 따라오다[가다]

☐ **follow** me
나를 따라오다

018 answer
[ǽnsər]

동 대답하다
명 대답

☐ **answer** the phone
전화를 받다

☐ other **answers**
다른 대답들

| 019 **dig**
[dig] | 통 파다
• dig-dug-dug | ☐ **dig** a hole
구멍을 파다 |
| 020 **different**
[difərənt] | 형 다른
반 same 같은 | ☐ a **different** story
다른 이야기 |

difficult '어려운'과 혼동하지 말아요.

🐝 내신 기초 쌓기

Track 01-1

● 빈칸에 알맞은 말을 넣어 문장을 완성하세요.

1 그는 돈을 얼마나 가지고 있니?

→ How [   ] money does he have?

2 그녀의 성이 무엇이니?

→ What is her last [   ]?

3 그 공원에는 많은 사람들이 있다.

→ There are many [   ] in the park.

4 거기 있으면 전화 좀 받아!

→ If you're there, [   ] the phone!

5 내 작은 정원을 돌봐줄 수 있니?

→ Can you take care of my [   ] garden?

6 그녀의 삼촌은 한쪽 눈이 보이지 않았다.

→ Her uncle was [   ] in one eye.

7 Tom과 Jerry는 서로 정말 사랑한다.

→ Tom and Jerry really love each [   ].

오답률 20%

A 다음 중 단어와 뜻이 <u>잘못</u> 연결된 것을 고르시오. 2점

① look - 보다　　　② problem - 문제　　　③ people - 사람들

④ other - 작은　　　⑤ together - 함께

오답률 25%

B 다음 주어진 문장의 빈칸에 가장 적절한 단어를 고르시오. 2점

Cindy and Kate do volunteer work _____ every year.

Cindy와 Kate는 매년 함께 자원 봉사 활동을 한다.

① little　　② follow　　③ people　　④ together　　⑤ too

오답률 30%

C 다음 문장을 영작할 때 <u>네 번째</u>로 올 단어를 보기에서 고르시오. 2점

> 보기　　Dorothy는 그 아이들을 돕기 위한 방법에 대하여 이야기했다.
> Dorothy / to / help / about / ways / talked / the children

① help　　② ways　　③ talked　　④ to　　⑤ children

오답률 50%

D 다음 중 단어의 영영 풀이가 <u>잘못된</u> 것을 고르시오. 2점

① begin: to start to do something

② much: a large amount of something

③ blind: unable to hear

④ again: one more time

⑤ hand: the part of your body at the end of your arm

오답률 80%

E 주어진 단어들을 우리말과 같은 뜻이 되도록 바르게 배열하시오.

1 그들은 이야기하기 시작했다. 3점

(they / to talk / began)

_____

2 그들은 서로 다른 방식으로 그들의 사랑을 보여준다. 4점

(they / love / ways / show / in / their / different)

_____

DAY 02

내신 기본 단어

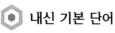

Track 02

---

021 choose
[tʃuːz]

동 고르다
파 choice 선택
• choose-chose-chosen

☐ **choose** a book
책을 고르다

☐ make a **choice**
선택하다

---

022 footprint
[fútprìnt]

명 발자국

☐ follow the **footprint**
발자국을 따라가다

---

023 solar
[sóulər]

형 태양의

☐ **solar** energy
태양 에너지

---

024 toothbrush
[túːθbrÀʃ]

명 칫솔

☐ a **toothbrush** holder
칫솔통

---

025 practice
[prǽktis]

동 연습하다
명 연습

☐ **practice** Chinese
중국어를 연습하다

☐ miss **practice**
연습에 빠지다

---

026 draw
[drɔː]

동 그리다
• draw-drew-drawn

☐ **draw** a picture
그림을 그리다

---

027 boil
[bɔil]

동 끓(이)다

☐ **boil** water
물을 끓이다

---

028 already
[ɔːlrédi]

부 이미

☐ **already** late
이미 늦은

---

029 **joke**
[dʒouk]

명 농담

□ tell a **joke**
농담을 하다

030 **journal**
[dʒə́ːrnl]

명 일기
유 diary

□ keep a **journal**
일기를 쓰다

031 **moment**
[móumənt]

명 순간
숙 for a moment 잠시 동안

□ at that **moment**
바로 그 순간
□ think for a moment
잠시 동안 생각하다

032 **heat**
[hiːt]

동 가열하다
명 열

□ **heat** the pan
냄비를 가열하다
□ block the **heat**
열을 막다

033 **vibrate**
[váibreit]

동 진동하다

□ **vibrate** inside
안에서 진동하다

034 **silver**
[sílvər]

명 은

□ gold and **silver**
금과 은

035 **center**
[séntər]

명 1 중심 2 센터

□ the **center** of Seoul
서울의 중심
□ recycling **center**
재활용 센터

036 **dirty**
[də́ːrti]

형 더러운

□ **dirty** shoes
더러운 신발

037 **fair**
[fɛər]

형 공정한
명 박람회

□ **fair** play
공정한 시합
□ a job **fair**
일자리 박람회

038 **general**
[dʒénərəl]

명 장군
형 일반의

□ a Chinese **general**
중국인 장군
□ the **general** public
일반 대중

039 **ranger**
[réindʒər]

명 경비원

□ a park **ranger**
공원 경비원

끝에 -er이 오면
'~하는 사람'을 뜻해요

040 **hedgehog**
[hédʒhɔ̀ːg]

명 고습도치

□ a baby **hedgehog**
아기 고습도치

🐝 내신 기초 쌓기

🎵 Track **02-1**

● 빈칸에 알맞은 말을 넣어 문장을 완성하세요.

1 냄비 속의 물이 끓을 것이다.

→ The water in the pot will ⬚.

2 Bob과 Dave는 이미 좋은 친구이다.

→ Bob and Dave are ⬚ good friends.

3 그녀는 하루에 한 시간 이상 중국어를 연습한다.

→ She ⬚ Chinese for over an hour a day.

4 나는 잠시 동안 그녀를 바라보았다.

→ I looked at her for a ⬚.

5 그는 유명한 한국인 장군이 되고 싶었다.

→ He wanted to be a famous Korean ⬚.

6 Jane은 이야기를 쓰고 그녀의 여동생은 그림을 그리고 있다.

→ Jane is writing the story and her sister is ⬚ the pictures.

7 그 나라는 많은 금과 은을 생산한다.

→ The nation produces a lot of gold and ⬚.

A 오답률 20%

다음 중 단어와 뜻이 잘못 연결된 것을 고르시오. **2점**

① silver - 은　　　② already - 이미　　　③ vibrate - 진동하다

④ choose - 끓이다　　　⑤ fair - 공정한

B 오답률 25%

다음 주어진 문장의 빈칸에 가장 적절한 단어를 고르시오. **2점**

Mina bought a notebook to keep a _____.

미나는 일기를 쓰기 위해 공책을 샀다.

① draw　　　② footprint　　　③ journal　　　④ general　　　⑤ heat

C 오답률 30%

다음 문장을 영작할 때 **네 번째**로 올 단어를 보기에서 고르시오. **2점**

> **보기** 나는 연습에 절대 빠지지 않을 것이다
>
> never / I / miss / will / practice

① will　　　② miss　　　③ never　　　④ I　　　⑤ practice

D 오답률 50%

다음 중 단어의 영영 풀이가 **잘못된** 것을 고르시오. **2점**

① dirty: not clean

② joke: a short, funny story

③ center: the middle of a space or area

④ general: a written record of your experiences

⑤ draw: to make a picture of something with a pencil or pen

E 오답률 80%

주어진 단어들을 우리말과 같은 뜻이 되도록 바르게 배열하시오.

1 그의 신발은 더럽다. **3점**

(shoes / his / dirty / are)

_____

2 공원 경비원은 우리에게 그 사실을 말했다. **4점**

(told / the / us / fact / a / ranger / park)

_____

 내신 기본 단어

---

041 price
[prais]

📕 가격

☐ the **price** of ice cream
아이스크림 가격

042 course
[kɔːrs]

📕 코스, 과정

☐ a marathon **course**
마라톤 코스

043 habit
[hǽbit]

📕 습관

☐ bad **habits**
나쁜 습관들

044 final
[fáinl]

📗 마지막의
📢 finally 마침내

☐ the **final** round
결승전

045 carry
[kǽri]

📘 나르다
🔸 carry out 수행하다

☐ **carry** a box
상자를 나르다
☐ **carry out** the plan
계획을 수행하다

046 possible
[pásəbl]

📗 가능한
🔁 impossible 불가능한

☐ Is it **possible**?
가능하나요?

047 hunger
[hʌ́ŋgər]

📕 배고픔

☐ die of **hunger**
배고픔으로 죽다

048 control
[kəntróul]

📘 통제하다

☐ **control** the sheep
양(들)을 통제하다

18

049	**neat** [niːt]	형 깔끔한	☐ a **neat** street 깔끔한 거리

050	**splash** [splæʃ]	명 튄 자국, 얼룩	☐ a **splash** of paint 페인트가 튄 자국

051	**nature** [néitʃər]	명 자연	☐ find in **nature** 자연에서 찾다

052	**ton** [tʌn]	명 톤 숙 tons of 엄청난 양의	☐ weigh about 100 **tons** 약 백 톤의 무게가 나가다 ☐ tons of krill 엄청난 양의 크릴새우

053	**elementary** [èləméntəri]	형 초등의	☐ an **elementary** school 초등학교

054	**invite** [inváit]	동 초대하다 참 invite A to B A를 B에 초대하다	☐ invite her to a party 그녀를 파티에 초대하다

055	**then** [ðen]	부 그 다음에	☐ and **then** 그리고 그 다음에

056	**bowl** [boul]	명 (우묵한) 그릇	☐ a fish **bowl** 어항

057	**healthy** [hélθi]	형 건강한 반 unhealthy 건강하지 못한	☐ keep **healthy** 건강한 상태를 유지하다

058	**million** [míljən]	형 100만의, 백만의 숙 millions of 수백만의	☐ three **million** pieces 3백만 개의 조각들 ☐ millions of children 수백만의 아이들

059 **detective**
[ditéktiv]
형 탐정의

'탐정'이라는 명사의 뜻도 있어요.

□ a **detective** novel
탐정 소설

060 **metropolitan**
[mètrəpálitən]
형 대도시의

□ the **metropolitan** area
대도시권

🐝 내신 기초 쌓기

 Track **03-1**

● 빈칸에 알맞은 말을 넣어 문장을 완성하세요.

1 너의 나쁜 습관은 무엇이니?

→ What's your bad [   ]?

2 걸어서 그곳에 도착하는 것은 가능해.

→ It is [   ] to get there on foot.

3 우리는 자연에서 더 많은 시간을 보낼 예정이다.

→ We are going to spend more time in [   ].

4 James가 그 결승전의 우승자였다.

→ James was the winner of the [   ] round.

5 나는 그 로봇을 통제할 수가 없었다.

→ I couldn't [   ] the robot.

6 아프리카에는 배고픔과 위험에 처한 많은 아이들이 있다.

→ There are a lot of children in [   ] and danger in Africa.

7 Peter는 미나를 그의 동아리 파티에 초대했다.

→ Peter [   ] Mina to a party at his club.

내신 실전 문제

오답률 20%

A 다음 중 단어와 뜻이 잘못 연결된 것을 고르시오. **2점**

① possible - 가능한   ② price - 가격   ③ hunger - 얼룩

④ nature - 자연   ⑤ carry - 나르다

오답률 25%

B 다음 주어진 문장의 빈칸에 가장 적절한 단어를 고르시오. **2점**

She went to buy a _____ novel.

그녀는 탐정 소설을 사러 나갔다.

① nature   ② splash   ③ habit   ④ detective   ⑤ price

오답률 30%

C 다음 문장을 영작할 때 여섯 번째로 올 단어를 보기에서 고르시오. **2점**

> **보기**   그의 숙모는 초등학교 선생님이다.
>
> aunt / is / an / teacher / elementary / his / school

① school   ② teacher   ③ elementary   ④ aunt   ⑤ his

오답률 50%

D 다음 중 단어의 영영 풀이가 잘못된 것을 고르시오. **2점**

① habit: something that you do often or regularly

② healthy: physically strong and not ill

③ neat: a series of lessons or lectures

④ ton: a unit for measuring weight

⑤ bowl: a round container used for eating or serving food

오답률 80%

E 주어진 단어들을 우리말과 같은 뜻이 되도록 바르게 배열하시오.

1 너는 건강을 유지하기 위해 무엇을 하니? **3점**

(do you do / to / keep / what / healthy)

_____

2 3백만 점 이상의 예술품들이 있다. **4점**

(there / are / of art / over / pieces / three / million)

_____

DAY 04

---

061 **court**
[kɔːrt]

명 1 코트 2 법정

- □ a basketball **court**
  농구 코트
- □ meet in **court**
  법정에서 만나다

062 **northern**
[nɔ́ːrðərn]

형 북부의

- □ **northern** countries
  북부의 국가들

063 **plan**
[plæn]

명 계획
동 계획하다
• plan-planned-planned

- □ make a **plan**
  계획을 세우다
- □ **plan** to exercise
  운동하기를 계획하다

064 **receive**
[risíːv]

동 받다

- □ **receive** a letter
  편지를 받다

065 **without**
[wiðáut]

전 ~없이

- □ **without** tears
  눈물 없이

066 **twin**
[twin]

형 쌍둥이의
명 쌍둥이

- □ a **twin** sister
  쌍둥이 여동생 [언니]

067 **reach**
[riːtʃ]

동 ~에 도착하다
유 arrive in/at ~에 도착하다

- □ **reach** a city
  도시에 도착하다

068 **send**
[send]

동 보내다
• send-sent-sent

- □ **send** an email
  이메일을 보내다

069	**thirsty** [θə́ːrsti]	형 목마른	□ I'm **thirsty**. 나는 목이 말라.
070	**put** [put]	동 놓다 숙 put on ~을 입다 • put-put-put	□ **put** the bag on the floor 가방을 바닥에 놓다 □ put on jeans 청바지를 입다
071	**soil** [sɔil]	명 흙	□ dry **soil** 건조한 흙
072	**float** [flout]	동 뜨다	□ **float** on water 물에 뜨다
073	**frightened** [fráitnd]	형 겁이 난	□ a **frightened** child 겁을 먹은 아이
074	**level** [lévəl]	명 1 수준 2 높이	□ a high **level** 높은 수준 □ eye **level** 눈높이
075	**try** [trai]	동 1 노력하다 2 시도하다 • try-tried-tried	□ **try** to save the Earth 지구를 구하려고 노력하다 □ **try** stretching 스트레칭을 시도하다
076	**bitter** [bítər]	형 쓴	□ a **bitter** taste 쓴 맛
077	**maybe** [méibi]	부 아마	□ **maybe** not 아마 아닐 거다
078	**count** [kaunt]	동 세다	□ **count** to ten 10까지 세다

내신 심화 단어

| 079 **growl**
[graul] | 동 으르렁거리다
'l'을 뺀 grow[grou]는
'자라다'라는 뜻이에요. | ☐ **growl** at them
그들을 향해 으르렁거리다 |
| 080 **huddle**
[hʌ́dl] | 동 모이다
혼 hurdle 장애물 | ☐ **huddle** around the fire
모닥불 주위에 모이다 |

 ## 내신 기초 쌓기

● 빈칸에 알맞은 말을 넣어 문장을 완성하세요.

1 그는 그 개를 보니 겁이 났다.

→ He was ⬚ to see the dog.

2 그들은 몇몇 북유럽 국가들을 방문했다.

→ They visited some ⬚ European countries.

3 이것은 그녀의 쌍둥이 여동생, 보라의 사진이다.

→ This is a picture of her ⬚ sister, Bora.

4 그 동물은 어떤 소리도 없이 움직일 수 있다.

→ The animal can move ⬚ any sound.

5 이 지역의 흙에는 많은 금이 있다.

→ There is a lot of gold in the ⬚ of this area.

6 미나는 숨을 들이 마시고 10까지 세었다.

→ Mina took a breath and ⬚ to ten.

7 그것은 쓴맛 때문에 매우 인기 있다.

→ It is very popular because of its ⬚ taste.

내신 실전 문제

오답률 20%

A 다음 중 단어와 뜻이 <u>잘못</u> 연결된 것을 고르시오. 2점

① float - 뜨다 ② frightened - 겁이 난 ③ bitter - 쓴
④ thirsty - 배고픈 ⑤ maybe - 아마

오답률 25%

B 다음 주어진 문장의 빈칸에 가장 적절한 단어를 고르시오. 2점

Dave was holding up the apple at eye _____.

Dave는 눈높이에 맞게 사과를 들고 있었다.

① soil ② level ③ twin ④ plan ⑤ court

오답률 30%

C 다음 문장을 영작할 때 다섯 번째로 올 단어를 보기에서 고르시오. 2점

> **보기** 많은 사람들이 지구를 구하기 위해서 노력한다.
> many / save / to / try / people / the / Earth

① people ② the ③ Earth ④ try ⑤ save

오답률 50%

D 다음 중 단어의 영영 풀이가 <u>잘못된</u> 것을 고르시오. 2점

① huddle: one of a series of small fences
② soil: the top layer of the Earth
③ try: to attempt to do or get something
④ reach: to arrive somewhere
⑤ receive: to get something

오답률 80%

E 주어진 단어들을 우리말과 같은 뜻이 되도록 바르게 배열하시오.

1 그녀의 계획이 괜찮아 보이니? 3점

(does / look / her / plan / good)

_____

2 나의 개는 담 옆의 뭔가를 향해 으르렁거렸다 4점

(my dog / something / near the fence / at / growled)

_____

 내신 기본 단어

---

081 **member**
[mémbər]

圄 회원

☐ a club **member**
동아리 회원

082 **keep**
[ki:p]

图 1 유지하다 2 지키다
• keep-kept-kept

☐ **keep** warm
온기를 유지하다
☐ **keep** a secret
비밀을 지키다

083 **least**
[li:st]

圐 가장 적은
图 at least 적어도

☐ the **least** milk
가장 적은 우유
☐ at least 3 times
적어도 3번

084 **excited**
[iksáitid]

圐 흥분한

☐ so **excited**
매우 흥분한

085 **smart**
[sma:rt]

圐 똑똑한
圙 clever

☐ a **smart** shopper
똑똑한 쇼핑객

086 **ocean**
[óuʃən]

圄 대양, 바다

☐ the Indian **Ocean**
인도양

087 **hold**
[hould]

图 1 잡다 2 열다
• hold-held-held

☐ **hold** a pen
펜을 잡다
☐ **hold** a concert
콘서트를 열다

088 **speed**
[spi:d]

圄 스피드, 속도

☐ **speed** skating
스피드 스케이팅

089 **history** [hístəri]	몡 역사	□ Korean **history** 한국의 역사

090 **skip** [skip]	동 건너뛰다	□ **skip** lunch 점심을 건너뛰다 [거르다]

091 **clever** [klévər]	혱 영리한 ㊂ smart 똑똑한	□ a **clever** child 영리한 아이

092 **insect** [ínsekt]	몡 곤충	□ a little **insect** 작은 곤충

093 **enough** [inʌ́f]	혱 충분한	□ **enough** time 충분한 시간

094 **occur** [əkə́ːr]	동 발생하다 • occur-occurred-occurred	□ **occur** in July 7월에 발생하다

095 **someone** [sʌ́mwʌ̀n]	때 누군가 ㊂ somebody	□ **someone** else 다른 누군가

096 **download** [dáunlòud]	동 다운로드하다 ㊐ upload 업로드하다	□ **download** a movie 영화를 다운로드하다

097 **help** [help]	동 돕다 몡 도움 ㉣ helpful 도움이 되는	□ **help** the world 세상을 돕다 □ ask for **help** 도움을 요청하다

098 **bring** [briŋ]	동 가져오다 • bring-brought-brought	□ **bring** it to me 그것을 나에게 가져오다

099	**along** [əlɔ́ːŋ]	전 ~을 따라 부 ~을 따라	□ walk **along** the beach 바닷가를 따라 걷다
		get along with 는 '~와 잘 지내다' 로 해석해요.	□ get **along** with friends 친구들과 잘 지내다
100	**stingy** [stíndʒi]	형 인색한	□ a **stingy** person 구두쇠

🐝 내신 기초 쌓기

🎵 Track **05-1**

● 빈칸에 알맞은 말을 넣어 문장을 완성하세요.

1 나는 오늘 점심을 건너뛸 거야.

→ I'm going to [   ] lunch today.

2 그는 적어도 한 달에 열 권의 책을 읽을 계획이다.

→ He plans to read at [   ] 10 books a month.

3 그녀는 인터넷에서 영화를 다운로드할 수 없었다.

→ She couldn't [   ] the movie from the Internet.

4 Kate가 인색하기는 하지만, 나는 여전히 그녀를 좋아한다.

→ Kate is [   ], but I still like her.

5 Cindy는 나에게 금요일마다 점심으로 약간의 도넛을 가져온다.

→ Cindy [   ] me some doughnuts for lunch every Friday.

6 벌은 매우 똑똑한 곤충들이다.

→ Bees are very smart [   ].

7 그녀는 한국의 역사에 대한 책을 쓰고 있다.

→ She is writing a book on the [   ] of Korea.

내신 실전 문제

/ 15점

오답률 20%

A 다음 중 단어와 뜻이 <u>잘못</u> 연결된 것을 고르시오. 2점

① excited - 흥분한   ② history - 역사   ③ insect - 곤충

④ skip - 건너뛰다   ⑤ occur - 누군가

오답률 25%

B 다음 주어진 문장의 빈칸에 가장 적절한 단어를 고르시오. 2점

Sally _____ a pen with her left hand.

Sally는 왼손으로 펜을 잡는다.

① skips   ② holds   ③ brings   ④ helps   ⑤ occurs

오답률 30%

C 다음 문장을 영작할 때 네 번째로 올 단어를 보기에서 고르시오. 2점

> 보기 ▶ 나는 점심시간이 충분하지 않다.
>
> I / have / for / time / enough / lunch / don't

① time   ② enough   ③ lunch   ④ have   ⑤ for

오답률 50%

D 다음 중 단어의 영영 풀이가 <u>잘못된</u> 것을 고르시오. 2점

① smart: clever and intelligent

② ocean: one of the large areas of salt water

③ enough: someone who belongs to a club, organization, or group

④ stingy: unwilling to spend, give, or use a lot of money

⑤ help: to make things easier or better for a person

오답률 80%

E 주어진 단어들을 우리말과 같은 뜻이 되도록 바르게 배열하시오.

1 누군가를 도울 때이다. 3점

(it's / to help / time / someone)

_____

2 민지는 그녀의 새로운 반 친구들과 잘 지낸다. 4점

(with / her / new / classmates / gets along / Minji)

_____

⬡ **내신 기본 단어**

---

101 **energy**
[énərdʒi]

명 에너지

□ save **energy**
에너지를 절약하다

102 **ox**
[aks]

명 황소
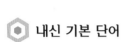 oxen

□ work like an **ox**
황소처럼 일하다

103 **fresh**
[freʃ]

형 신선한

□ **fresh** air
신선한 공기

104 **pork**
[pɔːrk]

명 돼지고기

□ a **pork** cutlet
돈가스

105 **female**
[fíːmeil]

형 여성의
빤 male 남성의

□ a **female** doctor
여의사

106 **wonder**
[wʌ́ndəːr]

명 경이로운 것

□ natural **wonders**
자연 경관

107 **hurt**
[həːrt]

동 1 다치게 하다
2 아프다
• hurt-hurt-hurt

□ **hurt** his back
그의 등을 다치게 하다
□ **hurt** badly
심하게 아프다

108 **grandchild**
[grǽndtʃàild]

명 손자
복 grandchildren

□ the only **grandchild**
외동손자

109 tower
[táuər]

명 탑

□ the Eiffel **Tower**
에펠탑

110 strength
[streŋkθ]

명 장점

□ many **strengths**
많은 장점들

111 else
[els]

부 또 다른

□ anything **else**
또 다른 어떤 것

112 movement
[múːvmənt]

명 운동

□ the March First **Movement**
3·1 운동

113 danger
[déindʒər]

명 위험

파 dangerous 위험한

□ in **danger**
위험에 빠진

114 finish
[fíniʃ]

동 끝내다

□ **finish** writing
글쓰기를 끝내다

115 poem
[póuəm]

명 시

□ write a **poem**
시를 쓰다

116 elbow
[élbou]

명 팔꿈치

□ your left **elbow**
너의 왼쪽 팔꿈치

117 plane
[plein]

명 비행기

□ a paper **plane**
종이비행기

118 lot
[lat]

명 많음

숙 a lot of [lots of] 많은

□ a lot of places
많은 장소들

내신 심화 단어

| 119 **vet** [vet] | 圈 수의사 圆 bet 돈을 걸다 | □ take a dog to a **vet** 개를 수의사에게 데려가다 |
| 120 **stump** [stʌmp] | 圈 그루터기 | □ a big **stump** 큰 그루터기 |

내신 기초 쌓기

 Track 06-1

● 빈칸에 알맞은 말을 넣어 문장을 완성하세요.

1 Peter는 돈가스를 좋아하지 않는다.

→ Peter doesn't like [   ] cutlets.

2 그는 황소처럼 열심히 일해야 한다.

→ He has to work hard like an [   ].

3 에너지를 절약하기 위해서 컴퓨터를 꺼야 한다.

→ You must turn off the computer to save [   ].

4 너는 거기에서 또 다른 어떤 것을 발견했니?

→ Did you find anything [   ] there?

5 그것은 하키 선수로서 그녀의 장점이다.

→ That's her [   ] as a hockey player.

6 3·1운동은 1919년에 일어났다.

→ The March First [   ] occurred in 1919.

7 서울에는 많은 멋진 곳들이 있다.

→ There are a [   ] of wonderful places in Seoul.

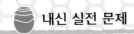

오답률 20%

A 다음 중 단어와 뜻이 잘못 연결된 것을 고르시오. 2점

① plane - 비행기　　　② tower - 탑　　　③ pork - 돼지고기

④ grandchild - 손자　　⑤ female - 남성의

오답률 25%

B 다음 주어진 문장의 빈칸에 가장 적절한 단어를 고르시오. 2점

Mt. Sorak is famous for its natural _____.

설악산은 자연 경관으로 유명하다.

① danger　　② pork　　③ poems　　④ wonders　　⑤ oxen

오답률 30%

C 다음 문장을 영작할 때 세 번째로 올 단어를 보기에서 고르시오. 2점

> 보기 　나의 여동생은 보고서 쓰는 것을 끝냈다.
>
> sister / finished / her / my / report / writing

① my　　② report　　③ finished　　④ writing　　⑤ her

오답률 50%

D 다음 중 단어의 영영 풀이가 잘못된 것을 고르시오. 2점

① elbow: the part in the middle of your arm

② movement: a tall narrow building

③ stump: the bottom part of a tree

④ danger: a situation in which harm or death is possible

⑤ poem: a piece of writing that expresses emotions

오답률 80%

E 주어진 단어들을 우리말과 같은 뜻이 되도록 바르게 배열하시오.

1 나의 발이 심하게 아프다. 3점

(my / hurts / badly / foot)

_____

2 저쪽에 큰 그루터기가 하나 있어. 4점

(there / a big / over there / is / stump)

_____

DAY 07

내신 기본 단어

 Track 07

| 121 | **loaf**
[louf] | 몡 빵 한 덩어리
뫽 loaves | ☐ a **loaf** of bread
빵 한 덩어리 |

| 122 | **social**
[sóuʃəl] | 휑 1 사회의 2 사교적인 | ☐ **social** problems
사회 문제
☐ **social** networking
소셜 네트워킹 |

| 123 | **yummy**
[jʌ́mi] | 휑 맛있는 | ☐ hot and **yummy**
맵고 맛있는 |

| 124 | **future**
[fjú:tʃər] | 몡 미래 | ☐ in the **future**
미래에 [장차] |

| 125 | **spread**
[spred] | 통 퍼지다
• spread-spread-spread | ☐ **spread** quickly
빠르게 퍼지다 |

| 126 | **character**
[kǽriktər] | 몡 1 등장인물 2 문자 | ☐ the main **character**
주인공
☐ Chinese **characters**
한자 |

| 127 | **know**
[nou] | 통 알다
• know-knew-known | ☐ **know** the secret
비밀을 알다 |

| 128 | **judge**
[dʒʌdʒ] | 몡 판사 | ☐ tell a **judge**
판사에게 말하다 |

129 **tongue** [tʌŋ]	**명** 혀	□ a black **tongue** 검은 혀
130 **kilometer** [kilámətər]	**명** 킬로미터	□ a 5-**kilometer** course 5킬로미터 코스
131 **lay** [lei]	**동** 낳다 • lay-laid-laid	□ **lay** an egg 알을 낳다
132 **uniform** [júːnəfɔ̀ːrm]	**명** 제복	□ a school **uniform** 교복
133 **stand** [stænd]	**동** 서다 **명** 가판대 • stand-stood-stood	□ **stand** in line 줄을 서다 □ the food **stand** 음식 가판대
134 **sharp** [ʃaːrp]	**형** 날카로운	□ **sharp** teeth 날카로운 이빨
135 **popular** [pápjulər]	**형** 인기 있는	□ a **popular** sport 인기 있는 운동경기
136 **sometimes** [sʌ́mtàimz]	**부** 가끔	□ **sometimes** clean 가끔 청소하다
137 **free** [friː]	**형** 1 공짜의 2 한가한	□ a **free** ticket 공짜표 □ **free** time 한가한 시간
138 **search** [səːrtʃ]	**동** 검색하다	□ **search** the Internet 인터넷을 검색하다

139 **performance** ⑲ 공연 □ live **performances**
[pərfɔ́ːrməns] 라이브 공연

perform '공연하다'의 명사형이에요.

140 **invitation** ⑲ 초대 □ an **invitation** ticket
[ìnvətéiʃən] 초대권

invite '초대하다'의 명사형이에요.

🐝 내신 기초 쌓기

 Track **07-1**

● 빈칸에 알맞은 말을 넣어 문장을 완성하세요.

1 그녀는 공짜표를 원한다.
→ She wants a ⬚ ticket.

2 Dave는 점심으로 빵 한 덩어리를 샀다.
→ Dave bought a ⬚ of bread for lunch.

3 나는 돌고래는 물고기가 아니라는 것을 안다.
→ I ⬚ dolphins are not fish.

4 인터넷에서 그 이야기는 빠르게 퍼졌다.
→ The story on the Internet ⬚ quickly.

5 그 새는 자신의 둥지에 알을 낳지 않는다.
→ The bird doesn't ⬚ an egg in its nest.

6 그녀는 줄을 서기를 원하지 않았다.
→ She didn't want to ⬚ in line.

7 유리와 보나는 유행하는 옷을 사기 위해 인터넷을 검색한다.
→ Yuri and Bona ⬚ the Internet to buy fashionable clothes.

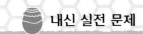
오답률 20%

A 다음 중 단어와 뜻이 <u>잘못</u> 연결된 것을 고르시오. 2점

① search - 검색하다　　② uniform - 제복　　③ judge - 판사

④ social - 사회의　　⑤ tongue - 낳다

오답률 25%

B 다음 주어진 문장의 빈칸에 가장 적절한 단어를 고르시오. 2점

My grandfather teaches children Chinese _____.

나의 할아버지는 어린이들에게 한자를 가르치신다.

① free　　② sharp　　③ sometimes　　④ characters　　⑤ lay

오답률 30%

C 다음 문장을 영작할 때 <u>네 번째</u>로 올 단어를 보기에서 고르시오. 2점

> 보기　 축구는 한국에서 인기 있는 스포츠이다.
>
> is / a / soccer / sport / popular / Korea / in

① popular　　② soccer　　③ in　　④ sport　　⑤ Korea

오답률 50%

D 다음 중 단어의 영영 풀이가 <u>잘못된</u> 것을 고르시오. 2점

① future: the time after the present time

② know: to have information in your mind

③ sharp: having a thin edge that is able to cut things

④ popular: liked or enjoyed by many people

⑤ spread: to carefully look for someone or something

오답률 80%

E 주어진 단어들을 우리말과 같은 뜻이 되도록 바르게 배열하시오.

1 김치는 맵고 맛있다. 3점

(Kimchi / and / yummy / hot / tastes)

_____

2 나는 무료 초대권을 받았다. 4점

(I / a / free / invitation / received / ticket)

_____

DAY 08

내신 기본 단어

---

141 **scene**
[siːn]

몡 장면
윤 scenery

□ the last **scene**
마지막 장면

142 **culture**
[kʌ́ltʃər]

몡 문화

□ Korean **culture**
한국의 문화

143 **hunt**
[hʌnt]

동 사냥하다

□ **hunt** for food
먹이를 사냥하다

144 **cafeteria**
[kæ̀fətíəriə]

몡 식당

□ a school **cafeteria**
학교 식당

145 **toward**
[tɔːrd]

전 ~을 향하여

□ **toward** the center
중심을 향하여

146 **blank**
[blæŋk]

몡 빈칸

□ fill in the **blanks**
빈칸을 채우다

147 **tired**
[taiərd]

형 피곤한

□ so **tired**
매우 피곤한

148 **rule**
[ruːl]

동 통치하다
몡 규칙

□ **rule** Japan
일본을 통치하다
□ class **rules**
학급 규칙

149 **result**
[rizʌ́lt]

명 결과

□ the test **result**
시험 결과

150 **kiss**
[kis]

동 입맞춤하다

□ **kiss** her
그녀에게 입맞춤하다

151 **seem**
[siːm]

동 ~인 것 같다

□ **seem** difficult
어려운 것 같다

152 **coach**
[koutʃ]

명 코치

□ a soccer **coach**
축구 코치

153 **daily**
[déili]

형 일상의

□ **daily** life
일상의 삶

154 **pure**
[pjuər]

형 순수한

□ **pure** gold
순금

155 **straight**
[streit]

부 곧장

□ go **straight**
곧장 가다

156 **return**
[ritə́ːrn]

동 1 돌아오다
2 반납하다

□ **return** with water
물을 가지고 돌아오다
□ **return** a book
책을 반납하다

157 **grade**
[ɡreid]

명 1 학년 2 성적

□ **grade** six
6학년
□ a bad **grade**
안 좋은 성적

158 **meet**
[miːt]

동 만나다
• meet-met-met

□ **meet** students
학생들을 만나다

159 **harmony** 명 조화 ☐ sing in harmony
[háːrməni] 조화를 이루며 노래하다

in harmony는 '조화를 이루어'로 해석해요.

160 **seaweed** 명 미역 ☐ **seaweed** soup
[síːwiːd] 미역국

🐝 내신 기초 쌓기 🎵 Track 08-1

● 빈칸에 알맞은 말을 넣어 문장을 완성하세요.

1 너는 몇 학년이니?

→ What [   ] are you in?

2 표범은 밤에만 먹이를 사냥한다.

→ Leopards [   ] for food only at night.

3 그들은 모두 한국의 문화에 대해 배웠다.

→ They all learned about Korean [   ].

4 주의 깊게 듣고 빈칸들을 채우시오.

→ Listen carefully and fill in the [   ].

5 체육관은 식당 옆에 있다.

→ The gym is next to the [   ].

6 이 그림은 행복을 보여주는 것 같다.

→ This painting [   ] to show happiness.

7 요즘 나는 내 일상의 삶이 지루하다.

→ These days I am bored with my [   ] life.

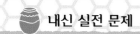
오답률 20%

A 다음 중 단어와 뜻이 <u>잘못</u> 연결된 것을 고르시오. 2점

① grade - 학년　　　② rule - 규칙　　　③ return - 반납하다

④ culture - 문화　　　⑤ scene - 피곤한

오답률 25%

B 다음 주어진 문장의 빈칸에 가장 적절한 단어를 고르시오. 2점

This necklace and ring are made of _____ gold.

이 목걸이와 반지는 순수한 금으로 만들어졌어.

① pure　　　② culture　　　③ rule　　　④ blank　　　⑤ tired

오답률 30%

C 다음 문장을 영작할 때 <u>네 번째</u>로 올 단어를 보기에서 고르시오. 2점

> 보기　그녀는 그 시험 결과에 행복했다.
>
> she / was / happy / result / the / test / with

① happy　　　② the　　　③ test　　　④ result　　　⑤ with

오답률 50%

D 다음 중 단어의 영영 풀이가 <u>잘못된</u> 것을 고르시오. 2점

① coach: a person who teaches and trains athletes

② daily: not having curves, bends, or angles

③ meet: to come together in order to talk

④ pure: not mixed with anything else

⑤ hunt: to kill wild animals for food or pleasure

오답률 80%

E 주어진 단어들을 우리말과 같은 뜻이 되도록 바르게 배열하시오.

1 곧장 가서 오른쪽으로 도세요. 3점

(go / and / straight / right / turn)

_____

2 그녀는 마지막 장면에서 웃을지도 모른다. 4점

(she / during / the / last / may / laugh / scene)

_____

DAY 09

🔷 내신 기본 단어

Track 09

---

161 **fortune**
[fɔ́ːrtʃən]

🅟 행운

☐ bring **fortune**
행운을 가져오다

162 **elder**
[éldər]

🅗 나이가 많은
🈩 elderly

☐ an **elder** sister
나이가 많은 언니 [누나]

163 **switch**
[switʃ]

🅓 스위치를 돌리다
🈁 switch on[off]
~을 켜다[끄다]

☐ **switch** on the light
불을 켜다
☐ **switch** off the light
불을 끄다

164 **winner**
[wínər]

🅟 우승자
🈔 win 이기다

☐ the **winner** of a game
시합의 우승자

165 **arrest**
[ərést]

🅓 체포하다

☐ **arrest** her
그녀를 체포하다

166 **enter**
[éntər]

🅓 ~에 들어가다

☐ **enter** a room
방에 들어가다

167 **spoil**
[spɔil]

🅓 상하게 하다

☐ **spoil** food
음식을 상하게 하다

168 **main**
[mein]

🅗 주요한

☐ the **main** gate
정문

169 **hairpin** [hέərpìn]	명 머리핀	□ make a **hairpin** 머리핀을 만들다
170 **anyone** [éniwʌ̀n]	대 누구든지	□ almost **anyone** 거의 누구든지
171 **parade** [pəréid]	명 퍼레이드	□ see a **parade** 퍼레이드를 보다
172 **inform** [infɔ́:rm]	동 알려주다 파 information 정보 참 inform A of B A에게 B를 알려주다	□ inform her of the truth 그녀에게 진실을 알려주다
173 **die** [dai]	동 죽다 혼 kill 죽이다	□ **die** soon 곧 죽다
174 **sideways** [sáidweìz]	부 옆으로	□ turn his head **sideways** 그의 머리를 옆으로 돌리다
175 **island** [áilənd]	명 섬	□ live on this **island** 이 섬에 살다
176 **magazine** [mæ̀gəzí:n]	명 잡지	□ a food **magazine** 요리 잡지
177 **across** [əkrɔ́:s]	전 ~을 건너서 숙 across from ~의 건너편에	□ **across** the street 길을 건너서 □ across from the shop 그 가게의 건너편에
178 **tiny** [táini]	형 아주 작은	□ a **tiny** hole 아주 작은 구멍

내신 심화 단어

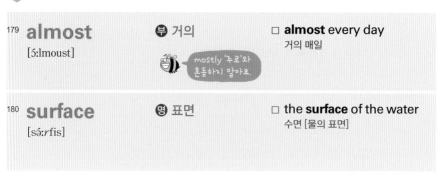

179	**almost** [ɔ́:lmoust]	🔵 거의	☐ **almost** every day 거의 매일

mostly '주로'와 혼동하지 말아요.

180	**surface** [sə́:rfis]	🔵 표면	☐ the **surface** of the water 수면 [물의 표면]

내신 기초 쌓기

 Track **09-1**

● 빈칸에 알맞은 말을 넣어 문장을 완성하세요.

1 정문에서 만나자.

→ Let's meet at the [   ] gate.

2 나이가 많은 누나들이 쇼핑하러 갔다.

→ The [   ] sisters went shopping.

3 그는 요리잡지를 읽고 있었다.

→ He was reading a cooking [   ].

4 청각 장애인 안내견은 그녀에게 그 소리를 알려주기 위해 뛰었다.

→ The hearing dog ran to [   ] her of the sounds.

5 왜 경찰은 그녀를 체포했니?

→ Why did the police [   ] her?

6 너는 그 방에 들어가지 말아야 한다.

→ You must not [   ] the room.

7 한국 사람들은 7이 행운을 가져온다고 믿는다.

→ Korean people believe that seven brings [   ].

44

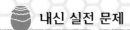

내신 실전 문제

오답률 20%

A 다음 중 단어와 뜻이 <u>잘못</u> 연결된 것을 고르시오. 2점

① arrest - 체포하다　　② fortune - 행운　　③ sideways - 인도

④ fortune - 행운　　⑤ switch - 스위치를 돌리다

오답률 25%

B 다음 주어진 문장의 빈칸에 가장 적절한 단어를 고르시오. 2점

Cindy plays badminton ＿＿＿＿＿＿＿＿＿ every day.

Cindy는 거의 매일 배드민턴을 친다.

① island　　② almost　　③ across　　④ tiny　　⑤ sideways

오답률 30%

C 다음 문장을 영작할 때 네 번째로 올 단어를 보기에서 고르시오. 2점

> 보기 　몇몇 박테리아는 음식을 상하게 할 수 있다.
> bacteria / spoil / some / food / can

① food　　② spoil　　③ can　　④ bacteria　　⑤ some

오답률 50%

D 다음 중 단어의 영영 풀이가 <u>잘못된</u> 것을 고르시오. 2점

① die: to stop living

② tiny: very small

③ enter: to go or come into something

④ inform: to give information to someone

⑤ main: a pin that is worn in your hair

오답률 80%

E 주어진 단어들을 우리말과 같은 뜻이 되도록 바르게 배열하시오.

1 한지는 아주 작은 구멍들이 많다. 3점

(Hanji / many / holes / has / tiny)

＿＿＿＿＿＿＿＿＿＿＿＿＿＿＿＿＿＿＿＿＿＿＿

2 이 섬에는 돌담이 많다. 4점

(there / this island / are / on / lots of / walls / stone)

＿＿＿＿＿＿＿＿＿＿＿＿＿＿＿＿＿＿＿＿＿＿＿

내신 기본 단어

181	**symbol** [símbəl]	圀 상징 囮 symbolize 상징하다	□ the **symbol** of this club 이 클럽의 상징
182	**feather** [féðər]	圀 깃털	□ yellow **feathers** 노란 깃털
183	**wedding** [wédiŋ]	圀 결혼	□ **wedding** photos 결혼 사진
184	**run** [rʌn]	圐 1 달리다 2 운영하다 • run-ran-run	□ **run** fast 빨리 달리다 □ **run** a restaurant 레스토랑을 운영하다
185	**seed** [si:d]	圀 씨앗	□ plant a **seed** 씨앗을 심다
186	**wag** [wæg]	圐 흔들다 • wag-wagged-wagged	□ **wag** its tail 꼬리를 흔들다
187	**field** [fi:ld]	圀 현장	□ a **field** trip 현장 학습
188	**promise** [prámis]	圐 약속하다 圀 약속	□ **promise** her a book 그녀에게 책을 주기로 약속하다 □ make a **promise** 약속하다

189 courage
[kə́ːridʒ]
명 용기

☐ have **courage**
용기를 가지다

190 mind
[maind]
명 마음
숙 keep … in mind
…을 명심하다

☐ change my **mind**
나의 마음을 바꾸다

☐ keep the lesson in mind
그 교훈을 명심하다

191 carefully
[kɛ́ərfəli]
부 주의 깊게

☐ listen **carefully**
주의 깊게 듣다

192 puzzled
[pʌzld]
형 당황한

☐ look **puzzled**
당황한 것처럼 보이다

193 windmill
[wíndmil]
명 풍차

☐ famous for **windmills**
풍차로 유명한

194 silent
[sáilənt]
형 조용한

☐ a **silent** room
조용한 방

195 part
[paːrt]
명 부분

☐ paint the white **part**
흰색 부분을 칠하다

196 diary
[dáiəri]
명 일기

☐ write [keep] a **diary**
일기를 쓰다

197 able
[éibl]
형 할 수 있는

☐ be **able** to start
시작할 수 있다

198 burn
[bəːrn]
동 타다

☐ The paper won't **burn.**
그 종이는 타지 않을 것이다.

내신 심화 단어

199 **auditorium**
[ɔːditɔ́ːriəm]

명 강당

□ go to the **auditorium**
강당으로 가다

aud-는 '듣다'라는 어원을 가지고 있어요.

200 **hesitate**
[hézətèit]

동 망설이다

□ **hesitate** to apologize
사과하는 것을 망설이다

hesitate to do '~하는 것을 망설이다'로 쓰여요.

내신 기초 쌓기

Track **10-1**

● 빈칸에 알맞은 말을 넣어 문장을 완성하세요.

1 돈은 우리 삶의 중요한 부분이다.

→ Money is an important [   ] of our lives.

2 그는 그 별들을 볼 수 있었다.

→ He was [   ] to see the stars.

3 Kate의 부모님은 레스토랑을 운영하신다.

→ Kate's parents [   ] a restaurant.

4 3R은 이 재활용 클럽의 상징이 될 것이다.

→ Three R's will be the [   ] of this recycling club.

5 Peter는 화분에 씨앗을 심었다.

→ Peter planted a [   ] in a pot.

6 그들은 항상 선생님의 말씀을 주의 깊게 듣는다.

→ They always listen to their teachers [   ].

7 그녀는 내 언니의 결혼사진들을 보고 있다.

→ She is looking at my sister's [   ] photos.

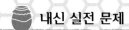

/ 15점

오답률 20%

A 다음 중 단어와 뜻이 <u>잘못</u> 연결된 것을 고르시오. **2점**

① silent - 조용한　　　② seed - 씨앗　　　③ run - 운영하다

④ puzzled - 당황한　　　⑤ windmill - 마음

오답률 25%

B 다음 주어진 문장의 빈칸에 가장 적절한 단어를 고르시오. **2점**

She is going to go on a _____ trip.

그녀는 현장 학습을 갈 예정이다.

① field　　　② feather　　　③ burn　　　④ seed　　　⑤ hesitate

오답률 30%

C 다음 문장을 영작할 때 <u>두 번째로</u> 올 단어를 보기에서 고르시오. **2점**

> **보기** 이 교훈을 명심하자.
> keep / let's / lesson / mind / this / in

① let's　　　② lesson　　　③ this　　　④ mind　　　⑤ keep

오답률 50%

D 다음 중 단어의 영영 풀이가 <u>잘못된</u> 것을 고르시오. **2점**

① diary: a book in which you write your experiences each day

② wedding: a ceremony in which two people get married

③ symbol: a sign or object that is used to mean something

④ promise: the ability to do something that is right or good

⑤ wag: to move something from side to side repeatedly

오답률 80%

E 주어진 단어들을 우리말과 같은 뜻이 되도록 바르게 배열하시오.

1 James는 그 문을 열 용기가 있어야 한다. **3점**

(James / have / the courage / must / to / open / the door)

_____

2 그녀는 자신의 실수에 대해 사과하는 것을 망설여서는 안 된다. **4점**

(she / should / apologize for / not / hesitate / to / her / mistake)

_____

DAY 11

---

201 pour
[pɔːr]
동 붓다
□ **pour** the milk
우유를 붓다

202 lie
[lai]
명 거짓말
혼 lie 누워 있다
□ tell a **lie**
거짓말하다
□ **lie** in bed
침대에 누워 있다

203 underwater
[ʌndərwɔ́ːtər]
형 수중의
부 수중으로
□ an **underwater** camera
수중 카메라
□ go **underwater**
수중으로 다니다

204 crowded
[kráudid]
형 북적거리는
□ **crowded** day and night
밤낮으로 북적거리는

205 set
[set]
동 1 설정하다
2 준비하다
□ **set** the alarm
알람을 설정하다
□ **set** the table
상을 준비하다

206 project
[prɔ́dʒekt]
명 과제
□ a science **project**
과학 과제

207 step
[step]
동 밟다
명 걸음
□ **step** on shoes
신발을 밟다
□ the first **step**
첫걸음

208 turtle
[tə́ːrtl]
명 거북이
□ a pet **turtle**
애완용 거북이

209	**tickle** [tíkl]	통 간지럽히다	□ **tickle** her 그녀를 간지럽히다
210	**choir** [kwaiər]	명 합창단	□ a **choir** contest 합창단 대회
211	**owe** [ou]	통 빚지다	□ **owe** me some money 나에게 약간의 돈을 빚지다
212	**score** [skɔːr]	명 점수	□ a good **score** 좋은 점수
213	**alone** [əlóun]	형 홀로 부 홀로	□ leave her **alone** 그녀를 홀로 남겨두다 □ work **alone** 홀로 일하다
214	**empty** [émpti]	형 빈	□ an **empty** glass 빈 유리잔
215	**think** [θiŋk]	통 생각하다 • think-thought-thought	□ **think** of her 그녀에 대해 생각하다
216	**city** [síti]	명 도시	□ a busy **city** 바쁜 도시
217	**cycle** [sáikl]	명 주기	□ the **cycle** of life 생명의 주기
218	**rise** [raiz]	통 뜨다 • rise-rose-risen	□ **rise** in the east 동쪽에서 뜨다

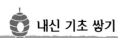 **내신 심화 단어**

219 **envelope** [énvəlòup]	명 봉투	☐ white **envelopes** 하얀 봉투
220 **mushroom** [mʌ́ʃruːm]	명 버섯	☐ pick **mushrooms** 버섯을 따다

내신 기초 쌓기

 Track **11-1**

● 빈칸에 알맞은 말을 넣어 문장을 완성하세요.

1 서울은 바쁜 도시이다.

→ Seoul is a busy [　　　　　].

2 그는 그녀를 홀로 남겨두어야 한다.

→ He must leave her [　　　　　].

3 Simon은 그 시험에서 좋은 점수를 받았다.

→ Simon got a good [　　　　　] on the test.

4 나는 수중의 동물원에 가고 싶다.

→ I want to go to an [　　　　　] zoo.

5 그 우유를 냄비에 부어야 한다.

→ You should [　　　　　] the milk into the pan.

6 그녀는 탁자에 빈 유리잔을 놓고 갔다.

→ She left an [　　　　　] glass on the table.

7 그들은 합창단 대회에서 노래를 할 것이다.

→ They are going to sing in the [　　　　　] contest.

내신 실전 문제

/ 15점

오답률 20%

A 다음 중 단어와 뜻이 잘못 연결된 것을 고르시오. 2점

① pour - 붓다   ② project - 과제   ③ think - 생각하다

④ step - 밟다   ⑤ empty - 홀로

오답률 25%

B 다음 주어진 문장의 빈칸에 가장 적절한 단어를 고르시오. 2점

Electronic products have a short life _____.

전자제품들은 짧은 생명 주기를 가지고 있다.

① choir   ② cycle   ③ envelope   ④ lie   ⑤ owe

오답률 30%

C 다음 문장을 영작할 때 세 번째로 올 단어를 보기에서 고르시오. 2점

> 보기   명동은 밤낮으로 북적거린다.
> Myeong-dong / is / and / day / crowded / night

① day   ② is   ③ crowded   ④ night   ⑤ and

오답률 50%

D 다음 중 단어의 영영 풀이가 잘못된 것을 고르시오. 2점

① choir: a group of singers especially in a church

② score: the number of points, goals in a sports game

③ owe: without anyone or anything else

④ city: an area where many people live and work

⑤ tickle: to try to make someone laugh by lightly touching

오답률 80%

E 주어진 단어들을 우리말과 같은 뜻이 되도록 바르게 배열하시오.

1 해가 동쪽에서 뜬다. 3점

(the sun / in / rises / the east)

_____

2 그녀는 버섯을 따기 위해 숲 속으로 간다. 4점

(she / to / goes into / pick / mushrooms / the forest)

_____

DAY 12

내신 기본 단어

 Track 12

221 **lamp** [læmp]	명 전등	□ light a **lamp** 전등을 켜다
222 **guest** [gest]	명 손님 참 guesthouse 여행자용 숙소	□ wait for the **guest** 손님을 기다리다
223 **degree** [digríː]	명 각도	□ a 45 **degree** angle 45도 각도
224 **shake** [ʃeik]	동 1 흔들다 2 악수하다 • shake-shook-shaken	□ **shake** the bottle 병을 흔들다 □ **shake** hands with her 그녀와 악수하다
225 **ground** [graund]	명 땅	□ walk on the **ground** 땅 위를 걷다
226 **bark** [baːrk]	동 짖다 명 껍질	□ **bark** loudly 크게 짖다 □ the **bark** of the tree 나무껍질
227 **manner** [mǽnər]	명 태도 참 manners 예절	□ a kind **manner** 친절한 태도 □ table manners 식사 예절
228 **bottom** [bátəm]	명 바닥	□ the river **bottom** 강바닥

229 **sadness**
[sǽdnis]

명 슬픔

□ a deep **sadness**
깊은 슬픔

230 **unhappy**
[ʌnhǽpi]

형 불행한
반 happy 행복한

□ look **unhappy**
불행해 보이다

231 **palace**
[pǽlis]

명 궁

□ leave the **palace**
궁을 떠나다

232 **decide**
[disáid]

동 결심하다

□ **decide** to study
공부하기로 결심하다

233 **soundly**
[sáundli]

부 푹, 깊이

□ sleep **soundly**
푹 자다

234 **record**
동[rikɔ́rd]
명[rékərd]

동 녹음하다
명 기록

□ **record** a song
노래를 녹음하다
□ a world **record**
세계 기록

235 **camp**
[kæmp]

동 야영하다
명 캠프

□ go **camping**
야영을 가다
□ a ski **camp**
스키 캠프

236 **beside**
[bisáid]

전 옆에

□ stay **beside** her
그녀 옆에 있다

237 **space**
[speis]

명 1 공간 2 우주

□ **space** for clothes
옷을 수납할 공간
□ the **space** trip
우주 여행

238 **dangerous**
[déindʒərəs]

형 위험한

□ a **dangerous** situation
위험한 상황

내신 심화 단어

239	**unpleasant** [ʌ̀nplézənt]	⑱ 불쾌한 ⑪ pleasant 유쾌한	☐ an **unpleasant** place 불쾌한 장소

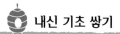 'un'은 반대의 의미를 가져요.

240	**referee** [rèfərí:]	⑲ 심판	☐ a soccer **referee** 축구 심판

내신 기초 쌓기

Track **12-1**

● 빈칸에 알맞은 말을 넣어 문장을 완성하세요.

1 우주에는 산소가 없다.

→ There isn't oxygen in ⬚ .

2 우리는 강바닥을 볼 수 있었다.

→ We could see the river ⬚ .

3 전등을 켜도 될까요?

→ Can I light a ⬚ ?

4 그 동물은 젖은 땅에서 빨리 걸을 수 없다.

→ The animal can't walk fast on the wet ⬚ .

5 그는 그녀 옆에 있기를 바란다.

→ He hopes to stay ⬚ her.

6 그녀의 방친구들은 행복해 보이지 않는다.

→ Her roommates look ⬚ .

7 그녀는 정오 전에 궁을 떠나야 한다.

→ She has to leave the ⬚ before noon.

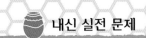

/ 15점

A 오답률 20%
다음 중 단어와 뜻이 <u>잘못</u> 연결된 것을 고르시오. **2점**

① decide - 흔들다　　　② guest - 손님　　　③ palace - 궁

④ record - 녹음하다　　　⑤ camp - 야영하다

B 오답률 25%
다음 주어진 문장의 빈칸에 가장 적절한 단어를 고르시오. **2점**

We can't do many things in ＿＿＿＿＿＿＿＿ situations.

우리는 위험한 상황에서 많은 것들을 할 수 없다.

① ground　　② soundly　　③ bark　　④ dangerous　　⑤ beside

C 오답률 30%
다음 문장을 영작할 때 <u>네 번째</u>로 올 단어를 보기에서 고르시오. **2점**

> 보기　그 축구 심판은 검은색 유니폼을 입고 있다.
> the / a / wearing / is / black / soccer / uniform / referee

① referee　　② wearing　　③ black　　④ is　　⑤ soccer

D 오답률 50%
다음 중 단어의 영영 풀이가 <u>잘못된</u> 것을 고르시오. **2점**

① bottom: the lowest part, point, or level of something

② shake: to move sometimes back and forth or up and down

③ lamp: a device that produces light

④ degree: a unit for measuring the size of an angle

⑤ referee: a person who is invited to visit or stay in someone's home

E 오답률 80%
주어진 단어들을 우리말과 같은 뜻이 되도록 바르게 배열하시오.

1 그 개는 항상 크게 짖는다. **3점**

(the dog / loudly / barks / always)

＿＿＿＿＿＿＿＿＿＿＿＿＿＿＿＿＿＿＿＿＿＿＿＿＿

2 너는 네 여동생에게 식사 예절을 가르쳐야 한다. **4점**

(you / teach / your / table / have to / manners / sister)

＿＿＿＿＿＿＿＿＿＿＿＿＿＿＿＿＿＿＿＿＿＿＿＿＿

DAY

13

Track **13**

---

241 colorful
[kʌ́lərfəl]

형 화려한

□ **colorful** clothes
화려한 옷

242 award
[əwɔ́ːrd]

명 상

□ a skating **award**
스케이팅으로 받은 상

243 make
[meik]

동 만들다

숙 make fun of ~을 놀리다

□ **make** Korean food
한국 음식을 만들다
□ make fun of her
그녀를 놀리다

244 shower
[ʃáuər]

명 샤워

□ take a **shower**
샤워하다

245 skin
[skin]

명 피부

□ **skin** problem
피부 문제

246 guess
[ges]

동 추측하다

□ **guess** what it is
그것이 무엇인지 추측하다

247 contact
[kɔ́ntækt]

동 연락하다

□ **contact** me
나에게 연락하다

248 shadow
[ʃǽdou]

명 그림자

□ make a **shadow**
그림자를 만들다

249 print
[print]
동 프린트하다
□ **print** it on the T-shirts
티셔츠에 그것을 프린트하다

250 posting
[póustiŋ]
명 투고 메시지
□ write a **posting**
투고 메시지를 쓰다

251 pan
[pæn]
명 냄비
□ in a small **pan**
작은 냄비에

252 wear
[wɛər]
동 입고 있다
• wear-wore-worn
□ **wear** a red dress
빨간 드레스를 입고 있다

253 worm
[wəːrm]
명 벌레
혼 warm 따뜻한
□ eat the **worms**
벌레를 먹다

254 real
[ríːəl]
형 1 진정한 2 실제의
□ a **real** friend
전정한 친구
□ **real** life
실생활

255 task
[tæsk]
명 일, 과업
□ a daily **task**
일상적인 일

256 deaf
[def]
형 귀가 먼
□ **deaf** people
귀가 먼 사람들

257 far
[faːr]
부 멀리
숙 far from ~에서 먼
□ **far** away things
멀리 떨어져있는 것들
□ go far from here
여기에서 먼 곳으로 가다

258 amount
[əmáunt]
명 양
□ an **amount** of money
돈의 양

259 firefly
[fáiərflài]

명 반딧불이

□ see a **firefly**
반딧불이를 보다

260 unfriendly
[ʌnfréndli]

형 불친절한
반 friendly 친절한

□ **unfriendly** clerks
불친절한 점원들

(y'로 끝나지만 형용사임에 유의해요.)

내신 기초 쌓기

Track **13-1**

● 빈칸에 알맞은 말을 넣어 문장을 완성하세요.

1 언제든지 저에게 연락주세요.

→ Please [   ] me anytime.

2 그 박물관은 여기서 멀지 않다.

→ The museum is not [   ] from here.

3 너는 그것이 무엇인지 추측할 수 있니?

→ Can you [   ] what it is?

4 그 밴드의 피아니스트는 귀가 들리지 않는다.

→ The pianist in the band is [   ].

5 그 상은 가장 인기 있는 뮤직 비디오에 주어진다.

→ The [   ] is given to the most popular music video.

6 나는 우리가 야영할 때 반딧불이를 보기를 바란다.

→ I hope to see a [   ] when we are camping.

7 그에게 돈의 양은 중요하지 않다.

→ An [   ] of money is not important to him.

오답률 20%

A 다음 중 단어와 뜻이 잘못 연결된 것을 고르시오. 2점

① wear - 입고 있다　② contact - 연락하다　③ guess - 추측하다

④ shadow - 그림자　⑤ task - 시험

오답률 25%

B 다음 주어진 문장의 빈칸에 가장 적절한 단어를 고르시오. 2점

Dorothy is worried about her _____ problem.

Dorothy는 그녀의 피부 문제에 대해 걱정한다.

① pan　　② skin　　③ amount　　④ far　　⑤ colorful

오답률 30%

C 다음 문장을 영작할 때 네 번째로 올 단어를 보기에서 고르시오. 2점

> 보기　너는 그녀를 놀려서는 안 된다.
>
> must / of / her / you / make / not / fun

① make　　② not　　③ fun　　④ of　　⑤ her

오답률 50%

D 다음 중 단어의 영영 풀이가 잘못된 것을 고르시오. 2점

① worm: a creature with a long soft body and no bones

② deaf: not able to hear anything

③ shower: the outer layer of a person's or animal's body

④ award: a prize that is given to someone

⑤ firefly: an insect that produces a flashing light when it flies at night

오답률 80%

E 주어진 단어들을 우리말과 같은 뜻이 되도록 바르게 배열하시오.

1 불친절한 점원들이 나를 쳐다봤다. 3점

(unfriendly / me / stared at / clerks)

_____

2 너는 작은 냄비에 있는 이 기름을 사용할 수 있다. 4점

(you / this oil / use / can / in / small / the / pan)

_____

DAY 14

내신 기본 단어

 Track **14**

---

261 difficult
[dífikʌlt]

형 어려운
파 difficulty 어려움

□ a **difficult** problem
어려운 문제

---

262 captain
[kǽptən]

명 주장

□ the team **captain**
팀 주장

---

263 style
[stail]

명 방식

□ his writing **style**
그의 글 쓰는 방식

---

264 bold
[bould]

형 대담한
혼 bald 대머리의

□ a **bold** dream
대담한 꿈
□ a bald hill
민둥산

---

265 songwriter
[sɔ́:ŋràitər]

명 작곡가

□ become a **songwriter**
작곡가가 되다

---

266 strike
[straik]

동 치다
• strike-struck-struck

□ **strike** a ball
공을 치다

---

267 noodle
[núːdl]

명 면, 국수

□ **noodles** to make
spaghetti
스파게티를 만들기 위한 면

---

268 contest
[kántest]

명 대회

□ a dance **contest**
춤 경연 대회

---

269 **opinion**
[əpínjən]
명 의견
□ understand your **opinion**
너의 의견을 이해하다

270 **avoid**
[əvɔ́id]
동 피하다
□ **avoid** a question
질문을 피하다

271 **important**
[impɔ́:rtənt]
형 중요한
□ an **important** lesson
중요한 교훈

272 **situation**
[sìtʃuéiʃən]
명 상황
□ explain the **situation**
상황을 설명하다

273 **fat**
[fæt]
형 살찐
□ **fat** birds
살찐 새들

274 **pill**
[pil]
명 알약
□ take a **pill**
알약을 먹다

275 **meal**
[mi:l]
명 식사
□ a warm **meal**
따뜻한 식사

276 **advice**
[ədváis]
명 충고
파 advise 충고하다
□ follow his **advice**
그의 충고를 따르다

277 **pat**
[pæt]
동 톡톡 두드리다
□ **pat** him on the shoulder
그의 어깨를 톡톡 두드리다

278 **sleep**
[sli:p]
동 자다
명 잠
• sleep-slept-slept
□ **sleep** well
잘 자다
□ get enough **sleep**
충분한 잠을 자다

내신 심화 단어

279 instrument
[ínstrəmənt]

명 기구, 악기

□ a musical **instrument**
악기

280 ancient
[éinʃənt]

형 고대의

□ **ancient** Korea
고대의 한국

내신 기초 쌓기

Track **14-1**

● 빈칸에 알맞은 말을 넣어 문장을 완성하세요.

1 나는 너의 의견을 이해할 수 없다.

→ I can't understand your ⬚ .

2 그녀는 우리에게 중요한 교훈을 가르쳐 주었다.

→ She taught us an ⬚ lesson.

3 Peter의 꿈은 작곡가가 되는 것이다.

→ Peter's dream is to be a ⬚ .

4 너는 그 소년의 충고를 따라야 한다.

→ You should follow the boy's ⬚ .

5 드럼을 더 세게 칠수록 더 큰 소리를 낸다.

→ The harder you ⬚ a drum, the louder it sounds.

6 Dave는 선생님께 그 상황을 설명했다.

→ Dave explained the ⬚ to the teacher.

7 우리는 일상생활에서 스트레스를 피할 수 없다.

→ We cannot ⬚ stress in our daily life.

오답률 20%

A 다음 중 단어와 뜻이 <u>잘못</u> 연결된 것을 고르시오. **2점**

① situation - 충고　　　② important - 중요한　　　③ fat - 살찐

④ bold - 대담한　　　⑤ strike - 치다

오답률 25%

B 다음 주어진 문장의 빈칸에 가장 적절한 단어를 고르시오. **2점**

Jennifer and her friends served older people warm _____.

Jennifer와 그녀의 친구는 노인들에게 따뜻한 식사를 대접했다.

① opinions　　　② meals　　　③ noodles　　　④ pills　　　⑤ styles

오답률 30%

C 다음 문장을 영작할 때 <u>네 번째</u>로 올 단어를 보기에서 고르시오. **2점**

> **보기**　우리는 인생에서 많은 어려운 문제들에 직면할 것이다.
> we / face / in / our / life / will / difficult / problems / many

① face　　　② problems　　　③ difficult　　　④ many　　　⑤ in

오답률 50%

D 다음 중 단어의 영영 풀이가 <u>잘못된</u> 것을 고르시오. **2점**

① ancient: from a very long time ago

② noodle: a long thin piece of pasta

③ songwriter: someone who writes songs

④ meal: a small piece of solid medicine

⑤ pat: to touch someone gently several times with a flat hand

오답률 80%

E 주어진 단어들을 우리말과 같은 뜻이 되도록 바르게 배열하시오.

1 그녀는 우리 팀의 주장이 되기를 원했다. **3점**

(she / to become / wanted / team captain / our)

_____

2 우리 반의 모두는 악기를 연주할 수 있다. **4점**

(everyone / my / can / a / musical / in / class / play / instrument)

_____

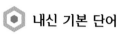 내신 기본 단어

Track 15

---

281 cloth
[klɔːθ]

명 천
참 clothes 옷

□ a **cloth** bag
천 가방

---

282 example
[igzǽmpl]

명 예
숙 for example 예를 들어

□ some **examples**
몇 가지 예들

---

283 gate
[ɡeit]

명 문

□ the main **gate**
정문

---

284 delicious
[dilíʃəs]

형 맛있는

□ smell **delicious**
맛있는 냄새가 나다

---

285 trade
[treid]

동 맞바꾸다

□ **trade** cards
카드를 맞바꾸다

---

286 clap
[klæp]

동 손뼉을 치다

□ **clap** your hands
너의 손뼉을 치다

---

287 toothpick
[túːθpìk]

명 이쑤시개

□ use a **toothpick**
이쑤시개를 사용하다

---

288 greenhouse
[ɡríːnhàus]

명 온실

□ **greenhouse** gases
온실가스

---

289 sink
[siŋk]

동 가라앉(히)다
• sink-sank-sunk(en)

명 싱크대

□ **sink** to the bottom
바닥으로 가라앉다

□ **sinks** and tables
싱크대와 탁자들

290 collect
[kəlékt]

동 모으다

□ **collect** coins
동전을 모으다

291 stress
[stres]

명 스트레스

□ get too much **stress**
너무 많은 스트레스를 받다

292 comfortable
[kʌ́mfərtəbl]

형 편안한

□ feel **comfortable**
편안하게 느끼다

293 statue
[stǽtʃuː]

명 조각상

□ the **Statue** of Liberty
자유의 여신상

294 pleased
[pliːzd]

형 기쁜

□ I'm so **pleased.**
나는 매우 기뻐요.

295 focus
[fóukəs]

동 집중하다

□ **focus** in class
수업 시간에 집중하다

296 serious
[síəriəs]

형 진지한

□ look **serious**
진지해 보이다

297 firework
[fáiərwə̀ːrk]

명 불꽃(놀이)

□ enjoy **fireworks**
불꽃놀이를 즐기다

298 deliver
[dilívər]

동 배달하다

□ **deliver** letters
편지를 배달하다

내신 심화 단어

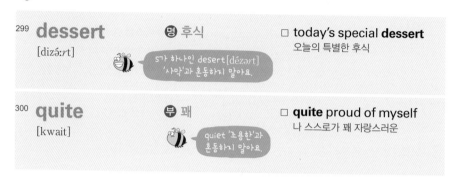

| 299 | **dessert**
[dizə́:rt] | 명 후식 | ☐ today's special **dessert**
오늘의 특별한 후식 |

s가 하나인 desert[dézərt] '사막'과 혼동하지 말아요.

| 300 | **quite**
[kwait] | 부 꽤 | ☐ **quite** proud of myself
나 스스로가 꽤 자랑스러운 |

quiet '조용한'과 혼동하지 말아요.

내신 기초 쌓기

Track **15-1**

● 빈칸에 알맞은 말을 넣어 문장을 완성하세요.

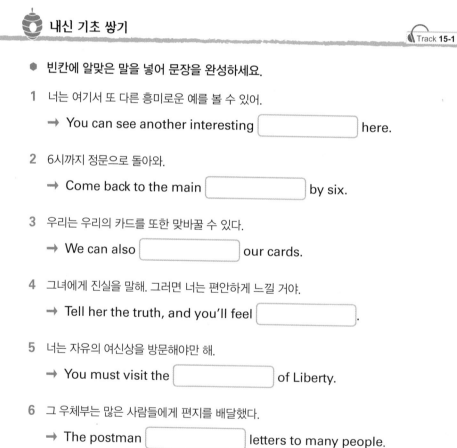

1 너는 여기서 또 다른 흥미로운 예를 볼 수 있어.

→ You can see another interesting ⬚ here.

2 6시까지 정문으로 돌아와.

→ Come back to the main ⬚ by six.

3 우리는 우리의 카드를 또한 맞바꿀 수 있다.

→ We can also ⬚ our cards.

4 그녀에게 진실을 말해. 그러면 너는 편안하게 느낄 거야.

→ Tell her the truth, and you'll feel ⬚ .

5 너는 자유의 여신상을 방문해야만 해.

→ You must visit the ⬚ of Liberty.

6 그 우체부는 많은 사람들에게 편지를 배달했다.

→ The postman ⬚ letters to many people.

7 나는 너를 만나서 매우 기쁘다.

→ I am very ⬚ to meet you.

내신 실전 문제

A 오답률 20%

다음 중 단어와 뜻이 <u>잘못</u> 연결된 것을 고르시오. **2점**

① statue - 조각상　② deliver - 배달하다　③ comfortable - 편안한

④ cloth - 천　⑤ quite - 조용한

B 오답률 25%

다음 주어진 문장의 빈칸에 가장 적절한 단어를 고르시오. **2점**

I _____ coins for poor children.

나는 가난한 아이들을 위해 동전을 모은다.

① trade　② focus　③ clap　④ collect　⑤ sink

C 오답률 30%

다음 문장을 영작할 때 <u>네 번째</u>로 올 단어를 보기에서 고르시오. **2점**

> **보기** 　사람들은 온실가스를 줄이려고 노력한다.
>
> try / greenhouse / reduce / to / gases / people

① greenhouse　② gases　③ reduce　④ to　⑤ try

D 오답률 50%

다음 중 단어의 영영 풀이가 <u>잘못된</u> 것을 고르시오. **2점**

① gate: the inside bottom surface of room

② clap: to strike the palms of the hands together

③ dessert: the sweet course eaten at the end of a meal

④ serious: thinking honestly about something and not joking

⑤ delicious: extremely pleasing to the sense of taste

E 오답률 80%

주어진 단어들을 우리말과 같은 뜻이 되도록 바르게 배열하시오.

1 나는 수업 시간에 집중할 수가 없다. **3점**

(I / focus / cannot / in / class)

_____

2 그녀는 그녀 스스로를 꽤 자랑스러워했다. **4점**

(herself / quite / she / of / was / proud)

_____

DAY 16

🔷 내신 기본 단어

301	**rest** [rest]	명 휴식 동 쉬다	□ take a **rest** 휴식을 하다 □ sit and **rest** 앉아서 쉬다
302	**pond** [pand]	명 연못	□ walk around the **pond** 연못 주위를 걷다
303	**bend** [bend]	동 구부리다 • bend-bent-bent	□ **bend** my knees 나의 무릎을 구부리다
304	**garbage** [gá:rbidʒ]	명 쓰레기	□ take out the **garbage** 쓰레기를 내놓다
305	**flea** [fli:]	명 벼룩	□ a **flea** market 벼룩시장
306	**peel** [pi:l]	명 껍질 혼 pill 알약	□ lemon **peel** 레몬 껍질
307	**turn** [tə:rn]	명 차례 동 돌다 숙 turn on[off] 켜다[끄다]	□ wait your **turn** 너의 차례를 기다리다 □ **turn** around the corner 모퉁이를 돌다
308	**lose** [lu:z]	동 1 잃다 2 지다 • lose-lost-lost 반 win 이기다	□ **lose** her hearing 그녀의 청력을 잃다 □ **lose** the game 경기에서 지다

309 **weight**
[weit]

명 (몸)무게
파 weigh 무게가 나가다

□ gain [lose] **weight**
살이 찌다 [빠지다]

310 **strange**
[streindʒ]

형 이상한
파 stranger 낯선 사람

□ a **strange** noise
이상한 소음

311 **crash**
[kræʃ]

명 쾅 하는 소리

□ a **crash** of thunder
천둥 소리

312 **wisdom**
[wízdəm]

명 지혜

□ learn **wisdom** from failure
실패로부터 지혜를 배우다

313 **during**
[djúəriŋ]

전 ~동안

□ **during** the soccer game
축구 경기 동안

314 **shy**
[ʃai]

형 수줍은
파 shyly 수줍게

□ a **shy** boy
수줍은 소년
□ say "Hi" shyly
안녕이라고 수줍게 말하다

315 **village**
[vílidʒ]

명 마을

□ a *hanok* **village**
한옥 마을

316 **face**
[feis]

명 얼굴
동 직면하다

□ the **face** of Buddha
부처의 얼굴
□ **face** many difficulties
많은 어려움에 직면하다

317 **hooray**
[huréi]

명 만세
감 만세

□ shout **hooray**
만세를 외치다

318 **forget**
[fərgét]

동 잊다
• forget-forgot-forgotten

□ **forget** to buy a cake
케이크를 사는 것을 잊다

319 **complain**
[kəmpléin]
⑧ 불평하다
☐ **complain** about everything
모든 것에 대해 불평하다

complain은 전치사 about과 주로 함께 쓰여요.

320 **celebrate**
[séləbrèit]
⑧ 기념하다
☐ **celebrate** Thanksgiving Day
추수감사절을 기념하다

celebrate 뒤에는 기념하는 대상이 와요.

내신 기초 쌓기

Track **16-1**

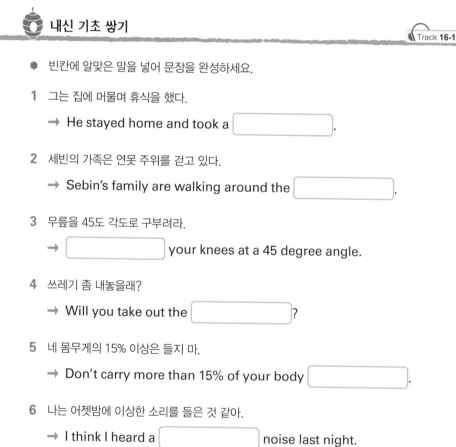

● 빈칸에 알맞은 말을 넣어 문장을 완성하세요.

1 그는 집에 머물며 휴식을 했다.

→ He stayed home and took a ⬚ .

2 세빈의 가족은 연못 주위를 걷고 있다.

→ Sebin's family are walking around the ⬚ .

3 무릎을 45도 각도로 구부려라.

→ ⬚ your knees at a 45 degree angle.

4 쓰레기 좀 내놓을래?

→ Will you take out the ⬚ ?

5 네 몸무게의 15% 이상은 들지 마.

→ Don't carry more than 15% of your body ⬚ .

6 나는 어젯밤에 이상한 소리를 들은 것 같아.

→ I think I heard a ⬚ noise last night.

7 그는 오늘 약간의 꽃을 사는 것을 잊었다.

→ He ⬚ to buy some flowers today.

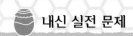

/ 15점

A 오답률 20%
다음 중 단어와 뜻이 잘못 연결된 것을 고르시오. 2점

① hooray - 만세 ② strange - 이상한 ③ face - 직면하다

④ flea - 쓰레기 ⑤ wisdom - 지혜

B 오답률 25%
다음 주어진 문장의 빈칸에 가장 적절한 단어를 고르시오. 2점

The lady _____ her hearing at the age of 7.

그 숙녀는 7살 때 청력을 잃었다.

① told ② peeled ③ lost ④ turned ⑤ complained

C 오답률 30%
다음 문장을 영작할 때 두 번째로 올 단어를 보기에서 고르시오. 2점

> 보기 레몬 껍질은 더러운 옷을 하얗게 만든다.
>
> clothes / lemon / white / peel / makes / dirty

① makes ② peel ③ clothes ④ white ⑤ dirty

D 오답률 50%
다음 중 단어의 영영 풀이가 잘못된 것을 고르시오. 2점

① pond: a small area of water

② weight: how heavy someone or something is

③ village: a place where people live in the countryside

④ turn: not to be able to find someone or something

⑤ face: the front part of the head where the eyes, nose, and mouth are

E 오답률 80%
주어진 단어들을 우리말과 같은 뜻이 되도록 바르게 배열하시오.

1 너의 차례인 것 같아. 3점

(it / think / is / I / turn / your)

_____

2 그 아이는 모든 것에 대해 불평한다. 4점

(complains / everything / the / kid / about)

_____

DAY 17

---

321 **farmer**
[fáːrmər]

명 농부

☐ important for **farmers**
농부들에게 중요한

322 **fast**
[fæst]

부 빨리
형 빠른

☐ walk **fast**
빨리 걷다
☐ a **fast** horse
빠른 말

323 **nod**
[nad]

동 끄덕이다
반 shake (좌우로) 흔들다

☐ **nod** his head
그의 고개를 끄덕이다

324 **race**
[reis]

명 경주
동 경주하다
파 racer 경주 참가자

☐ finish the **race**
경주를 마치다
☐ **race** against each other
서로 대항하여 경주하다

325 **bin**
[bin]

명 (쓰레기) 통

☐ the recycling **bin**
재활용품 통

326 **club**
[klʌb]

명 동아리

☐ **club** members
동아리 회원들

327 **lord**
[lɔːrd]

명 1 제왕 2 경

☐ the **Lord** of the Rings
반지의 제왕
☐ **Lord** Hunter
Hunter 경

328 **traditional**
[trədíʃənəl]

형 전통적인
파 tradition 전통
파 traditionally 전통적으로

☐ **traditional** bread
전통적인 빵

| 329 | **shape** [ʃeip] | **명** 모양 | ☐ the **shape** of a star 별 모양 |

329 **shape**
[ʃeip]

명 모양

☐ the **shape** of a star
별 모양

330 **stick**
[stik]

동 붙(이)다
명 꼬치, 막대

☐ **stick** the pieces
on the wall
벽에 조각을 붙이다

331 **mistake**
[mistéik]

명 실수

☐ make a **mistake**
실수를 하다

332 **dive**
[daiv]

동 (물속으로) 뛰어들다
• dive-dived[dove]-dived

☐ **dive** into the river
강물 속으로 뛰어들다

333 **festival**
[féstəvəl]

명 축제

☐ a school **festival**
학교 축제

334 **balance**
[bǽləns]

명 균형

☐ lose her **balance**
그녀의 균형을 잃다

335 **coupon**
[kúːpɑn]

명 할인권

☐ collect **coupons**
할인권을 모으다

336 **give**
[giv]

동 주다
• give-gave-given
숙 give up 포기하다

☐ **give** happiness
행복감을 주다
☐ give up easily
쉽게 포기하다

337 **interesting**
[íntərəstiŋ]

형 흥미로운

☐ sound **interesting**
흥미롭게 들리다

338 **bacteria**
[bæktíəriə]

명 박테리아

☐ healthy **bacteria**
건강에 이로운 박테리아

339 **shepherd**
[ʃépərd]
명 양치기

shep은 sheep '양'을 뜻해요.

☐ a great **shepherd**
훌륭한 양치기

340 **complete**
[kəmplíːt]
동 완성하다

명사형은 completion '완성'이에요.

☐ **complete** the picture
그림을 완성하다

🍯 **내신 기초 쌓기**

 Track **17-1**

● 빈칸에 알맞은 말을 넣어 문장을 완성하세요.

1 일기예보는 농부들에게 중요하다.

→ The weather forecast is important for ⬚ .

2 그녀는 우리에게 인도의 전통적인 빵을 구워주었다.

→ She baked us ⬚ Indian bread.

3 〈반지의 제왕〉을 빌리고 싶어요.

→ I'd like to borrow The ⬚ of the Rings.

4 댄스 동아리 회원들은 토요일마다 춤을 춘다.

→ The dance ⬚ members dance every Saturday.

5 불가사리들은 별 모양이다.

→ Starfish are in the ⬚ of a star.

6 자원봉사는 나에게 행복감을 준다.

→ Volunteer work ⬚ me happiness.

7 고개를 끄덕이는 것이 그리스에서는 '아니오'를 의미해.

→ ⬚ your head means "no" in Greece.

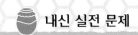 **내신 실전 문제**

/ 15점

A 오답률 20%
다음 중 단어와 뜻이 <u>잘못</u> 연결된 것을 고르시오. `2점`

① fast - 빨리   ② race - 경주하다   ③ shape - 모양

④ lord - 균형   ⑤ traditional - 전통적인

B 오답률 25%
다음 주어진 문장의 빈칸에 가장 적절한 단어를 고르시오. `2점`

Put cans and bottles in the recycling _____.

깡통과 병들을 재활용품 통에 넣어라.

① completion   ② race   ③ club   ④ bin   ⑤ mistake

C 오답률 30%
다음 문장을 영작할 때 <u>다섯 번째</u>로 올 단어를 보기에서 고르시오. `2점`

> **보기** 그 커다란 동물은 강물 속으로 뛰어들었다.
> big / river / the / animal / the / dove / into

① river   ② the   ③ into   ④ dove   ⑤ animal

D 오답률 50%
다음 중 단어의 영영 풀이가 <u>잘못</u>된 것을 고르시오. `2점`

① nod: to lower and raise the head

② dive: to float on the surface of a liquid

③ club: an organization of people with a common interest

④ farmer: someone who owns or takes care of a farm

⑤ festival: an organized set of special events

E 오답률 80%
주어진 단어들을 우리말과 같은 뜻이 되도록 바르게 배열하시오.

1 그것 참 흥미롭게 들려. `3점`

(sounds / interesting / that / very)

_____

2 훌륭한 양치기가 되는 것은 쉽지 않다. `4점`

(not / a / it / be / is / easy / shepherd / to / great)

_____

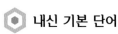 내신 기본 단어

 Track **18**

---

341 **miracle**
[mírəkl]

명 기적

☐ make a **miracle**
기적을 만들다

342 **chick**
[tʃik]

명 새끼 새

☐ hold a **chick**
새끼 새를 붙들다

343 **above**
[əbʌ́v]

전 ~의 위에
반 below ~의 아래에

☐ **above** your head
너의 머리 위에

344 **shout**
[ʃaut]

동 소리치다
유 yell

☐ **shout** "Boo"
"야"하고 소리치다

345 **height**
[hait]

명 키, 높이
파 high 높은;높게

☐ twice its **height**
그 키의 두 배

346 **muscle**
[mʌ́sl]

명 근육

☐ wake up your **muscles**
너의 근육을 깨우다

347 **fall**
[fɔːl]

동 떨어지다
• fall-fell-fallen
명 가을

☐ **fall** off a bike
자전거에서 떨어지다
☐ in late **fall**
늦은 가을에

348 **introduce**
[ìntrədjúːs]

동 소개하다

☐ **introduce** myself
내 자신을 소개하다

349	**stage** [steidʒ]	🔲 무대	🔲 on the **stage** 무대 위에서
350	**noon** [nuːn]	🔲 정오 🔄 midnight 자정	🔲 at **noon** 정오에
351	**sir** [sər]	🔲 전하, (손)님	🔲 Yes, **sir.** 그렇습니다, 전하.
352	**instead** [instéd]	🔲 대신에 🔲 instead of ~대신에	🔲 go to a nursing home **instead** 대신에 양로원을 가다 🔲 **instead** of plastic bags 비닐봉지 대신에
353	**melt** [melt]	🔲 녹(이)다	🔲 **melt** fast 빨리 녹다
354	**famous** [féiməs]	🔲 유명한 🔲 be famous for ~로 유명하다	🔲 a **famous** place 유명한 장소 🔲 be **famous** for seafood 해산물로 유명하다
355	**honesty** [ánisti]	🔲 정직함 🔲 honest 정직한	🔲 courage and **honesty** 용기와 정직함
356	**roof** [ruːf]	🔲 지붕 🔲 roofs	🔲 paint a **roof** 지붕을 칠하다
357	**treat** [triːt]	🔲 1 다루다 2 치료하다	🔲 **treat** me like a child 나를 아이처럼 다루다 🔲 **treat** a patient 환자를 치료하다
358	**everywhere** [évrihwèər]	🔲 여기저기에	🔲 live **everywhere** 여기저기에 살다

● 빈칸에 알맞은 말을 넣어 문장을 완성하세요.

1 우리 함께 기적을 만들자.

→ Let's make a [   ] together.

2 오른팔을 너의 머리 위로 들어라.

→ Raise your right arm [   ] your head.

3 벼룩은 자신의 키의 두 배를 뛸 수 있다.

→ The flea can jump twice its [   ].

4 내 친구가 무대 위에서 드럼을 치고 있다.

→ My friend is playing drums on the [   ].

5 빙산들이 빠르게 녹고 있다.

→ The icebergs are [   ] fast.

6 나는 실패가 두렵지 않다.

→ I'm not afraid of [   ].

7 나의 부모님은 아직도 나를 아이처럼 다루신다.

→ My parents still [   ] me like a child.

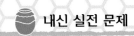
A 오답률 20%

다음 중 단어와 뜻이 <u>잘못</u> 연결된 것을 고르시오. 2점

① roof - 지붕　　　　② height - 높이　　　　③ stage - 무대

④ muscle - 기적　　　⑤ treat - 다루다

B 오답률 25%

다음 주어진 문장의 빈칸에 가장 적절한 단어를 고르시오. 2점

Only the young man had courage and _____.

오직 그 젊은이만이 용기와 정직함을 가지고 있었다.

① miracle　　② chick　　③ muscle　　④ honesty　　⑤ failure

C 오답률 30%

다음 문장을 영작할 때 <u>세 번째</u>로 올 단어를 보기에서 고르시오. 2점

> 보기　　나는 내 자전거에서 떨어져서 허리를 다쳤다.
>
> (back / and / my / off / fell / bike / hurt / I / my)

① bike　　② hurt　　③ fell　　④ my　　⑤ off

D 오답률 50%

다음 중 단어의 영영 풀이가 <u>잘못</u>된 것을 고르시오. 2점

① chick: a young bird

② above: in or to a place that is lower

③ melt: to change from a solid into a liquid by heat

④ noon: the middle of the day

⑤ failure: an act that fails

E 오답률 80%

주어진 단어들을 우리말과 같은 뜻이 되도록 바르게 배열하시오.

1 제 자신을 소개하겠습니다. 3점

(me / myself / let / introduce)

_____

2 이제 그 새끼 새의 부모들은 떠날 준비가 됐다. 4점

(the / chick's / are / leave / now / to / ready / parents)

_____

🔷 내신 기본 단어

🎵 Track 19

---

361 blood
[blʌd]

명 피

☐ look like **blood**
피처럼 보이다

---

362 such
[sətʃ]

형 매우
숙 such as ~와 같은

☐ **such** a happy family
매우 행복한 가정

☐ **such as** tomato sauce
토마토 소스와 같은

---

363 inside
[insáid]

전 ~안에서

☐ **inside** the museum
박물관 안에서

---

364 punish
[pʌ́niʃ]

동 벌을 주다

☐ **punish** myself
스스로에게 벌을 주다

---

365 spend
[spend]

동 쓰다, 소비하다
• spend-spent-spent

☐ **spend** a lot of money
많은 돈을 쓰다

---

366 guide
[gaid]

동 안내하다
명 안내(원)

☐ **guide** people
사람들을 안내하다

☐ a **guide** dog
안내견

---

367 roll
[roul]

동 구르다

☐ **roll** around
이리저리 구르다

---

368 greet
[gri:t]

동 인사하다

☐ **greet** each other
서로 인사하다

369	**upload** [ʌ́plòud]	**동** (자료를) 올리다 **반** download 다운로드하다	☐ **upload** a picture 사진을 올리다
370	**noise** [nɔiz]	**명** 소리 **파** noisy 시끄러운	☐ make loud **noises** 시끄러운 소리를 내다
371	**hit** [hit]	**동** 치다, 때리다 • hit-hit-hit	☐ **hit** a balloon 풍선을 치다
372	**chef** [ʃef]	**명** 요리사	☐ a little **chef** 꼬마 요리사
373	**pose** [pouz]	**명** 자세	☐ the cobra **pose** 코브라 자세
374	**mental** [méntl]	**형** 정신의 **반** physical 신체의	☐ a **mental** illness 정신병
375	**mayor** [méiər]	**명** 시장	☐ the **mayor** of our town 우리 도시의 시장
376	**vase** [veis]	**명** 꽃병	☐ break the **vase** 꽃병을 깨뜨리다
377	**disease** [dizíːz]	**명** 질병	☐ cause a **disease** 질병을 유발하다
378	**stamp** [stæmp]	**명** 1 도장 2 우표 **동** (발을) 구르다	☐ collect **stamps** 도장을 모으다 ☐ **stamp** my foot 나의 발을 구르다

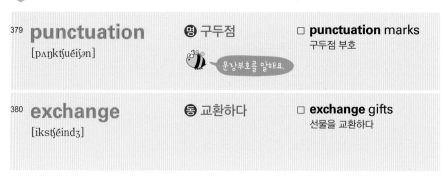

379 **punctuation**
[pʌ́ŋktʃuéiʃən]

명 구두점

문장부호를 말해요.

☐ **punctuation** marks
구두점 부호

380 **exchange**
[ikstʃéindʒ]

동 교환하다

☐ **exchange** gifts
선물을 교환하다

● 내신 기초 쌓기

Track **19-1**

● 빈칸에 알맞은 말을 넣어 문장을 완성하세요.

1 그 나무의 즙은 피처럼 보인다.

→ The tree's sap looks like _____ .

2 아마도 왕은 나에게 벌을 줄 거야.

→ Maybe the king is going to _____ me.

3 박물관 안에서 사진을 찍으면 안 됩니다.

→ You should not take photos _____ the museum.

4 정글에 있는 사자들이 시끄러운 소리들을 냈다.

→ The lions in the jungle made loud _____ .

5 요가에서 코브라 자세는 너를 날씬하게 만들어 줄 것이다.

→ The cobra _____ in yoga will make you slender.

6 Mr. Lee는 몇 년 전에 우리 도시의 시장이었다.

→ Mr. Lee was the _____ of our town a few years ago.

7 나쁜 음식은 질병을 유발할 수 있다.

→ Bad food can cause a _____ .

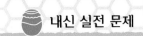

/ 15점

A 오답률 20%
다음 중 단어와 뜻이 <u>잘못</u> 연결된 것을 고르시오. **2점**

① hit - 치다　　② mental - 신체의　　③ chef - 요리사

④ blood - 피　　⑤ mayor - 시장

B 오답률 25%
다음 주어진 문장의 빈칸에 가장 적절한 단어를 고르시오. **2점**

Let me ＿＿＿＿＿＿＿＿ you.

제가 당신을 안내할게요.

① chef　　② stamp　　③ guide　　④ blood　　⑤ disease

C 오답률 30%
다음 문장을 영작할 때 <u>다섯 번째로</u> 올 단어를 보기에서 고르시오. **2점**

> **보기**　러시아 사람들은 문에서 선물을 교환하지 않는다.
> gifts / the door / exchange / don't / at / people / Russian

① don't　　② exchange　　③ gifts　　④ at　　⑤ people

D 오답률 50%
다음 중 단어의 영영 풀이가 <u>잘못된</u> 것을 고르시오. **2점**

① exchange: to give and receive

② punish: to make someone suffer

③ greet: to say hello to someone

④ roll: to move by turning over

⑤ noise: the state of being silent

E 오답률 80%
주어진 단어들을 우리말과 같은 뜻이 되도록 바르게 배열하시오.

1 신체 활동은 정신 건강에 좋다. **3점**

(activity / physical / good / is / mental / for / health)

＿＿＿＿＿＿＿＿＿＿＿＿＿＿＿＿＿＿＿＿＿＿＿＿＿＿＿＿＿

2 그 노부인은 약을 사는 데 많은 돈을 썼다. **4점**

(lot / money / of / on / medicine / spent / old / a / the / woman)

＿＿＿＿＿＿＿＿＿＿＿＿＿＿＿＿＿＿＿＿＿＿＿＿＿＿＿＿＿

내신 기본 단어

 Track 20

381 **fund** [fʌnd]	**명** 기금 **참** fund-raising 모금활동의	☐ raise a **fund** 기금을 조성하다 ☐ a fund-raising event 모금 활동 행사
382 **forever** [fərévər]	**부** 영원히	☐ last **forever** 영원히 지속하다
383 **royal** [rɔ́iəl]	**형** 왕족의	☐ the **royal** family 왕가
384 **web** [web]	**명** 거미줄	☐ a sticky **web** 끈적거리는 거미줄
385 **bride** [braid]	**명** 신부	☐ the **bride**'s white dress 신부의 흰 드레스
386 **cross** [krɔːs]	**동** 1 (길을) 건너다 2 교차하다	☐ **cross** at the green light 초록 신호등에 건너다 ☐ **cross** his arms 그의 팔짱을 끼다
387 **garlic** [gáːrlik]	**명** 마늘	☐ cook **garlic** bread 마늘 빵을 요리하다
388 **announce** [ənáuns]	**동** 발표하다, 선언하다 **파** announcement 발표 **파** announcer 아나운서	☐ **announce** a plan 계획을 발표하다

389 digest
[daiʒést]

동 소화하다

☐ **digest** food
음식을 소화하다

390 late
[leit]

형 늦은
부 늦게

☐ **late** for school
학교에 늦은

☐ go to bed **late**
늦게 잠자리에 들다

391 experience
[ikspíəriəns]

명 경험
동 경험하다

☐ a special **experience**
특별한 경험

☐ **experience** different jobs
다른 직업들을 경험하다

392 nursery
[nə́:rsəri]

명 보육소

☐ in the **nursery**
보육소에서

393 vacation
[veikéiʃən]

명 방학
혼 vocation 직업

☐ the winter **vacation**
겨울 방학

394 enjoy
[indʒɔ́i]

동 즐기다

☐ **enjoy** shopping
쇼핑을 즐기다

395 kill
[kil]

동 죽이다
혼 die 죽다

☐ **kill** the goose
거위를 죽이다

396 message
[mésidʒ]

명 메시지

☐ a text **message**
문자 메시지

397 trunk
[trʌŋk]

명 줄기

☐ the **trunk** of a tree
나무줄기

398 tail
[teil]

명 꼬리
혼 tale 이야기

☐ a beaver **tail**
비버 꼬리

내신 심화 단어

399 **sled** [sled]	**명** 썰매 **참** bobsled 봅슬레이	□ **by sled** 썰매를 타고 □ **a bobsled race** 봅슬레이 경주

'썰매타기'는 'sledding'이에요.

400 **through** [θruː]	**전** ~을 지나, ~을 통하여	□ **run through the park** 공원을 지나 달리다 □ **pass through the windows** 창문을 통과하다

though '비록 ~일지라도'와 혼동하지 말아요.

내신 기초 쌓기

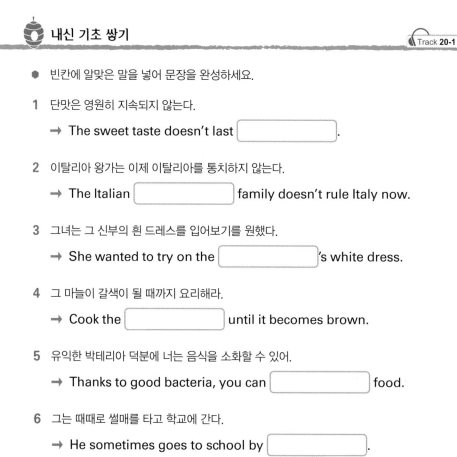

Track **20-1**

● 빈칸에 알맞은 말을 넣어 문장을 완성하세요.

1 단맛은 영원히 지속되지 않는다.

→ The sweet taste doesn't last [　　　　　].

2 이탈리아 왕가는 이제 이탈리아를 통치하지 않는다.

→ The Italian [　　　　　] family doesn't rule Italy now.

3 그녀는 그 신부의 흰 드레스를 입어보기를 원했다.

→ She wanted to try on the [　　　　　]'s white dress.

4 그 마늘이 갈색이 될 때까지 요리해라.

→ Cook the [　　　　　] until it becomes brown.

5 유익한 박테리아 덕분에 너는 음식을 소화할 수 있어.

→ Thanks to good bacteria, you can [　　　　　] food.

6 그는 때때로 썰매를 타고 학교에 간다.

→ He sometimes goes to school by [　　　　　].

7 그는 나무줄기로 배를 만들었다.

→ He made a boat with the [　　　　　] of the tree.

88

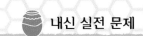
A 오답률 20%

다음 중 단어와 뜻이 <u>잘못</u> 연결된 것을 고르시오. **2점**

① fund - 기금　　② enjoy - 즐기다　　③ through - 비록 ~일지라도

④ digest - 소화하다　⑤ announce - 선언하다

B 오답률 25%

다음 주어진 문장의 빈칸에 가장 적절한 단어를 고르시오. **2점**

Our tour will give you a special _____.

우리의 여행은 너에게 특별한 경험을 줄 거야.

① fund　　② experience　　③ bride　　④ sled　　⑤ trunk

C 오답률 30%

다음 문장을 영작할 때 <u>다섯 번째</u>로 올 단어를 보기에서 고르시오. **2점**

> **보기**
> 우리는 반드시 초록 신호등에 길을 건너야 한다.
> at / the / we / green / cross / light / must / road / the

① must　　② at　　③ cross　　④ green　　⑤ road

D 오답률 50%

다음 중 단어의 영영 풀이가 <u>잘못된</u> 것을 고르시오. **2점**

① bride: a man who is getting married

② royal: relating to a queen or king and their family

③ vacation: leisure time away from work or school

④ trunk: the main stem of a tree

⑤ forever: for a limitless time

E 오답률 80%

주어진 단어들을 우리말과 같은 뜻이 되도록 바르게 배열하시오.

1 그 가난한 남자는 거위를 요리했다. **3점**

(cooked / poor / the goose / the / man)

_____

2 세빈이는 늦게 일어나서 학교에 늦었다. **4점**

(woke / Sebin / late / up / school / for / was / because / late / she)

_____

🔷 내신 기본 단어

401	**hall** [hɔːl]	명 강당 참 city hall 시청	☐ go into the **hall** 강당 안으로 들어가다
402	**flat** [flæt]	형 납작한	☐ **flat** bread 납작한 빵
403	**brain** [brein]	명 두뇌	☐ good for the **brain** 두뇌에 좋은
404	**blanket** [blǽŋkit]	명 담요	☐ a warm **blanket** 따뜻한 담요
405	**blend** [blend]	동 섞다 참 blender 믹서	☐ **blend** milk and bananas 우유와 바나나를 섞다
406	**swing** [swiŋ]	동 그네 타다 • swing-swang-swung	☐ **swing** from the branches 나뭇가지에서 그네를 타다
407	**fact** [fækt]	명 사실 숙 in fact 사실은	☐ **facts** about animals 동물에 관한 사실
408	**alligator** [ǽligèitər]	명 악어 유 crocodile	☐ a picture of an **alligator** 악어 사진

409 pass
[pæs]

동 1 건네주다
2 통과하다
명 탑승권

- □ **pass** the salt
소금을 건네주다
- □ **pass** the exam
시험을 통과하다
- □ a boarding **pass**
탑승권

410 outdoor
[áutdɔ̀ːr]

형 야외의

- □ **outdoor** activities
야외 활동

411 hug
[hʌg]

동 포옹하다
• hug-hugged-hugged
명 포옹

- □ **hug** them
그들을 포옹하다
- □ give them a **hug**
그들을 포옹하다

412 palm
[paːm]

명 손바닥

- □ raise the **palm**
손바닥을 올리다

413 sail
[seil]

동 항해하다
파 sailor 선원
혼 sale 판매

- □ **sail** away
멀리 항해하다

414 donate
[dóuneit]

동 기부하다

- □ **donate** rice
쌀을 기부하다

415 favor
[féivər]

명 부탁, 호의

- □ do me a **favor**
내 부탁을 들어주다

416 ordinary
[ɔ́ːrdənèri]

형 보통의

- □ an **ordinary** rose
보통의 장미

417 trust
[trʌst]

명 신뢰

- □ build **trust**
신뢰를 쌓다

418 congratulation
[kəngrætʃəléiʃən]

명 축하 (인사)

- □ **Congratulations** again!
다시 한 번 축하해!

419 **warning** [wɔ́ːrniŋ]	형 경고의 통 warn 경고하다	□ a **warning** sign 경고 표시

420 **blurry** [blə́ːri]	형 흐릿한	□ look **blurry** 흐릿해 보이다

사진이 흐릿해 보인다고 말할 때도 쓰여요.

내신 기초 쌓기

● 빈칸에 알맞은 말을 넣어 문장을 완성하세요.

1 그 학생들은 강당 안으로 들어갔다.

→ The students went into the [   ].

2 인도인들은 카레를 납작한 빵과 함께 먹는다.

→ Indians eat curry with [   ] bread.

3 여우의 꼬리는 담요와 같다.

→ A fox's tail is like a [   ].

4 한 어린 소년이 나뭇가지에서 그네를 타곤 했다.

→ A little boy would [   ] from the branches.

5 악어들은 수영하는 데 그들의 꼬리를 사용한다.

→ [   ] use their tails for swimming.

6 그녀는 손바닥에 펜을 쥐고 있다.

→ She is holding a pen in her [   ].

7 내 부탁을 들어 줄 수 있니?

→ Can you do me a [   ]?

/ 15점

A 오답률 20%
다음 중 단어와 뜻이 <u>잘못</u> 연결된 것을 고르시오. **2점**

① trust - 신뢰　　　② blanket - 담요　　　③ blend - 섞다

④ pass - 통과하다　　⑤ sail - 판매

B 오답률 25%
다음 주어진 문장의 빈칸에 가장 적절한 단어를 고르시오. **2점**

Solving riddles is good for your _____.

수수께끼를 푸는 것은 너의 두뇌에 좋다.

① favor　　② blanket　　③ brain　　④ warning　　⑤ fact

C 오답률 30%
다음 문장을 영작할 때 세 번째로 올 단어를 보기에서 고르시오. **2점**

> **보기**　너는 돈이나 심지어 쌀을 기부할 수 있다.
>
> can / you / even / rice / donate / or / money

① donate　　② even　　③ can　　④ old　　⑤ money

D 오답률 50%
다음 중 단어의 영영 풀이가 <u>잘못된</u> 것을 고르시오. **2점**

① hall: a large room used for meetings, concerts

② flat: having a circular shape

③ palm: the inside surface of the hand

④ sail: to travel on water by wind

⑤ outdoor: happening or used outside

E 오답률 80%
주어진 단어들을 우리말과 같은 뜻이 되도록 바르게 배열하시오.

1 나에게 소금을 건네줄 수 있니? **3점**

(pass / you / salt / the / can / me)

_____

2 시간을 내줘서 고맙고, 다시 한 번 축하해. **4점**

(for / thank / again / time / and / your / congratulations / you)

_____

DAY 22

---

421 **voice**
[vɔis]
📖 목소리
- □ in a low **voice**
  낮은 목소리로

422 **motto**
[mátou]
📖 좌우명
- □ the family **motto**
  가훈
- □ a class **motto**
  급훈

423 **hang**
[hæŋ]
🔵 걸다
• hang-hung-hung
- □ **hang** up a uniform
  교복을 걸다

424 **drop**
[drap]
🔵 떨어뜨리다
📖 방울
- □ **drop** a new cell phone
  새 휴대폰을 떨어뜨리다
- □ water **drops**
  물방울

425 **near**
[niər]
🔷 ~의 근처에
- □ **near** the sea
  바다 근처에

426 **front**
[frʌnt]
📖 앞
🔶 in front of ~의 앞에
- □ come to the **front**
  앞으로 나오다
- □ in front of the school
  학교 앞에서

427 **simple**
[símpl]
🟩 간단한
- □ a **simple** exercise
  간단한 운동

428 **unique**
[ju:ní:k]
🟩 독특한
- □ a very **unique** plant
  매우 독특한 식물

429	**chat** [tʃæt]	동 수다를 떨다, 채팅하다 명 수다 떨기, 채팅	□ **chat** on the Internet 인터넷에서 채팅하다 □ a video **chat** 화상 채팅
430	**mark** [maːrk]	동 표시하다 명 표시	□ **mark** birthdays 생일을 표시하다 □ punctuation **marks** 구두점 부호
431	**gather** [gǽðər]	동 모이다 파 gathering 모임	□ **gather** around 주위에 모이다 □ a class gathering 학급 모임
432	**freeze** [friːz]	동 얼(리)다 • freeze-froze-frozen	□ **freeze** the mix 혼합물을 얼리다
433	**leave** [liːv]	동 1 떠나다 2 남기다 • leave-left-left	□ **leave** Korea 한국을 떠나다 □ **leave** a message 메시지를 남기다
434	**magic** [mǽdʒik]	명 마술, 마법	□ a **magic** show 마술 쇼
435	**fix** [fiks]	동 고치다	□ **fix** the broken toys 망가진 장난감을 고치다
436	**care** [kɛər]	동 관심을 가지다 숙 take care of ~을 돌보다	□ **care** about the tree 그 나무에 관심을 가지다 □ take care of animals 동물들을 돌보다
437	**trouble** [trʌbl]	명 문제 숙 in trouble 곤경에 처한	□ have **trouble** with friends 친구들과 문제가 있다 □ people in trouble 곤경에 처한 사람들
438	**hole** [houl]	명 구멍 혼 hall 강당	□ dig a **hole** 구멍을 파다

🔷 내신 심화 단어

| 439 | **riddle**
[rídl] | **명** 수수께끼 | ☐ an interesting **riddle**
흥미로운 수수께끼 |
| 440 | **communicate**
[kəmjúːnəkèit] | **동** 1 전달하다
2 의사소통하다 | ☐ **communicate** his
sadness
그의 슬픔을 전달하다 |

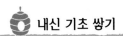

with와 함께 쓰이면
'의사소통하다'로 해석해요.

🔶 내신 기초 쌓기

Track **22-1**

● 빈칸에 알맞은 말을 넣어 문장을 완성하세요.

1 그는 낮은 목소리로 "네"라고 대답한다.

→ He says "yes" in a low [   ].

2 미안해, 내가 방금 너의 새 휴대폰을 떨어뜨렸어.

→ Sorry, I just [   ] your new cell phone.

3 왕이 그녀에게 앞으로 오라고 말했다.

→ The king told her to come to the [   ].

4 몇몇 간단한 운동들은 스트레스를 줄일 수 있다.

→ A few [   ] exercises can reduce stress.

5 그녀는 인터넷에서 수다를 떨고 있다.

→ She is [   ] on the Internet.

6 사람들은 가난한 사람들에게 관심을 가져야 한다.

→ People should [   ] about the poor.

7 너는 학교에서 네 친구들과 문제가 있니?

→ Are you having [   ] with your friends at school?

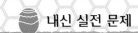
오답률 20%

A 다음 중 단어와 뜻이 <u>잘못</u> 연결된 것을 고르시오. 2점

① voice - 목소리　　② fix - 고치다　　③ unique - 간단한

④ care - 관심을 가지다　　⑤ gather - 모이다

오답률 25%

B 다음 주어진 문장의 빈칸에 가장 적절한 단어를 고르시오. 2점

Our class _____ is "Do Your Best".

우리 학급의 급훈은 "최선을 다하라"이다.

① riddle　　② hole　　③ magic　　④ front　　⑤ motto

오답률 30%

C 다음 문장을 영작할 때 네 <u>번째</u>로 올 단어를 보기에서 고르시오. 2점

> 보기　　그는 그의 교복을 걸고 있다.
>
> his / hanging / is / uniform / he / up

① up　　② his　　③ hanging　　④ uniform　　⑤ is

오답률 50%

D 다음 중 단어의 영영 풀이가 <u>잘못된</u> 것을 고르시오. 2점

① riddle: a difficult problem

② drop: to let something fall to the ground

③ hole: an opening into or through something

④ near: distant in space or time

⑤ chat: to talk socially without exchanging too much information

오답률 80%

E 주어진 단어들을 우리말과 같은 뜻이 되도록 바르게 배열하시오.

1 그들은 아이들을 위해서 장난감을 닦거나 고친다. 3점

(for / clean / or / toys / the children / they / fix)

_____

2 모두가 모여서 함께 웃었다. 4점

(together / everybody / around / smiled / and / gathered)

_____

⬡ 내신 기본 단어

Track 23

---

441 angle
[ǽŋgl]

명 각도
혼 angel 천사

□ from every **angle**
모든 각도에서

442 teach
[ti:tʃ]

동 가르치다
• teach-taught-taught

□ **teach** English
영어를 가르치다

443 portrait
[pɔ́:rtrit]

명 초상화
참 self-portrait 자화상

□ paint a **portrait**
초상화를 그리다

444 reuse
[ri:júːz]

동 재사용하다

□ **reuse** gift boxes
선물상자들을 재사용하다

445 yell
[jel]

동 소리치다
유 shout

□ **yell** "Watch out!"
"조심해"라고 소리치다

446 thigh
[θai]

명 허벅지

□ your left **thigh**
너의 왼쪽 허벅지

447 cinema
[sínəmə]

명 극장
유 theater

□ go to the **cinema**
극장에 가다

448 kingdom
[kíŋdəm]

명 왕국

□ young people in the **kingdom**
왕국의 젊은이들

449	**marry** [mǽri]	동 결혼하다	□ **marry** a painter 화가와 결혼하다
450	**blow** [blou]	동 불다 • blow-blew-blown	□ **blow** up a balloon 풍선을 불다
451	**thick** [θik]	형 두꺼운 반 thin 얇은	□ a **thick** book 두꺼운 책
452	**smooth** [smu:ð]	형 부드러운	□ until the dough is **smooth** 반죽이 부드러워질 때까지
453	**afraid** [əfréid]	형 두려워하는 숙 be afraid of ~을 두려워하다	□ be afraid of a big dog 큰 개를 두려워하다
454	**while** [hwail]	명 잠시 접 ~하는 동안	□ for a **while** 잠시 동안 □ **while** he is in the hospital 그가 병원에 있는 동안
455	**circle** [sə́:rkl]	명 원	□ a **circle** around the moon 달 주위의 원 [달무리]
456	**note** [nout]	명 쪽지	□ an interesting **note** 흥미로운 쪽지
457	**comic** [kámik]	형 재미있는, 웃기는 참 comic book 만화책	□ a funny comic book 재미있는 만화책
458	**flamingo** [fləmíŋgou]	명 홍학	□ see a **flamingo** 홍학을 보다

내신 심화 단어

459 illegally
[illí:gəli]
🔵 불법으로
□ download movies **illegally**
불법으로 영화를 내려 받다

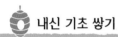 앞에 il(-이 붙어서 legally
'합법으로'의 반의어가 되었어요

460 stepmother
[stépmʌðər]
🔵 계모
□ the kind **stepmother**
친절한 계모

내신 기초 쌓기

 Track **23-1**

● 빈칸에 알맞은 말을 넣어 문장을 완성하세요.

1 나는 학교에서 아이들에게 영어를 가르쳤다.

→ I _____ English to children at the school.

2 그 공주의 친절한 계모는 사실 마녀였다.

→ The princess's kind _____ was actually a witch.

3 그 소년이 "조심해!"라고 소리쳤다.

→ The boy _____, "Watch out!"

4 우선, 풍선을 불어라.

→ First, _____ up a balloon.

5 잠시 후에, 연못은 다시 깨끗해졌다.

→ After a _____, the pond became clear again.

6 일부 만화책들은 아이들의 교육에 좋다.

→ Some _____ books are good for children's education.

7 우리는 동물원에 가서 홍학을 보았다.

→ We went to the zoo and saw a _____.

100

오답률 20%

A 다음 중 단어와 뜻이 <u>잘못</u> 연결된 것을 고르시오. 2점

① teach - 가르치다　　② while - 잠시　　③ portrait - 초상화

④ flamingo - 홍학　　⑤ thick - 얇은

오답률 25%

B 다음 주어진 문장의 빈칸에 가장 적절한 단어를 고르시오. 2점

You can _____ gift boxes or old clothes.

너는 선물 상자나 오래된 옷들을 재사용할 수 있다.

① blow　　② yell　　③ reuse　　④ marry　　⑤ blow

오답률 30%

C 다음 문장을 영작할 때 <u>다섯 번째</u>로 올 단어를 보기에서 고르시오. 2점

> **보기**　　벨기에 와플은 두껍고 맛이 있다.
>
> waffles / Belgian / thick / delicious / and / are

① thick　　② delicious　　③ and　　④ are　　⑤ waffles

오답률 50%

D 다음 중 단어의 영영 풀이가 <u>잘못된</u> 것을 고르시오. 2점

① note: a short letter

② yell: to shout something very loudly

③ smooth: having a surface free from roughness

④ thigh: the part of your leg that is just above your foot

⑤ stepmother: a woman who has married your father but isn't your mother

오답률 80%

E 주어진 단어들을 우리말과 같은 뜻이 되도록 바르게 배열하시오.

1 너는 잘못된 선택을 할까 두렵니? 3점

(afraid / making / wrong / you / are / the / choice / of)

_____

2 사과 주스와 설탕이 부드러워질 때까지 그것들을 섞어라. 4점

(apple / sugar / juice / until / smooth / they / blend / are / and)

_____

내신 기본 단어

---

461 nickname
[níknèim]

명 별명

☐ a nice **nickname**
좋은 별명

---

462 sale
[seil]

명 할인 판매
숙 on sale 할인 판매 중인
혼 sail 항해하다

☐ a 'for **sale**' sign
할인 판매 표지판
☐ apples on **sale**
할인 판매 중인 사과

---

463 prize
[praiz]

명 상

☐ first **prize**
1등 상

---

464 review
[rivjú:]

동 복습하다

☐ **review** the lesson
수업을 복습하다

---

465 friendship
[fréndʃìp]

명 우정

☐ a symbol of **friendship**
우정의 상징

---

466 exciting
[iksáitiŋ]

형 흥미진진한
파 excited 흥분한

☐ an **exciting** day
흥미진진한 날
☐ feel excited
흥분하다

---

467 upset
[ʌpsét]

형 화가 난

☐ be **upset** with me
나에게 화가 나 있다

---

468 yard
[ja:rd]

명 마당

☐ trash in the **yard**
마당 안의 쓰레기

---

469 **sheep** [ʃiːp]	**명** 양 **복** sheep	□ a lost **sheep** 길 잃은 양
470 **vest** [vest]	**명** 조끼	□ a cute **vest** 귀여운 조끼
471 **throat** [θrout]	**명** 목(구멍)	□ a sore **throat** 아픈 목
472 **similar** [símələr]	**형** 비슷한	□ look **similar** 비슷해 보이다
473 **adult** [ədʌ́lt]	**명** 성인	□ teens and **adults** 10대와 성인들
474 **powerful** [páuərfəl]	**형** 강한	□ have **powerful** legs 강한 다리를 갖고 있다
475 **find** [faind]	**동** 발견하다 • find-found-found	□ **find** a piece of paper 종잇조각을 발견하다
476 **raise** [reiz]	**동** 1 올리다 2 모금하다 3 기르다	□ **raise** your left arm 너의 왼쪽 팔을 올리다 □ **raise** money 돈을 모금하다 □ **raise** a rabbit 토끼를 기르다
477 **slowly** [slóuli]	**부** 천천히 **반** fast 빨리 ; 빠른	□ drive **slowly** 천천히 운전하다
478 **sunset** [sʌ́nsèt]	**명** 일몰	□ a wonderful **sunset** 멋진 일몰

479 **forward**
[fɔ́:rwərd]

(문) 앞으로

look forward to -ing는
'~하기를 기대하다'로 해석해요

□ move **forward**
앞으로 이동하다
□ look forward to going
on a trip
여행 가기를 기대하다

480 **independence**
[indipéndəns]

(명) 독립

□ Korea's **independence**
한국의 독립

광복절은 'Independence Day'라고 해요.

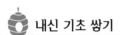 내신 기초 쌓기

Track 24-1

● 빈칸에 알맞은 말을 넣어 문장을 완성하세요.

1 빅 애플(The Big Apple)은 뉴욕시의 별명이다.

→ 'The Big Apple' is the ⬚⬚⬚⬚⬚⬚ for New York City.

2 1등 상은 캐나다 출신의 Wendy에게 주어졌다.

→ First ⬚⬚⬚⬚⬚⬚ went to Wendy from Canada.

3 나의 영어 선생님은 나에게 화가 나셨다.

→ My English teacher was ⬚⬚⬚⬚⬚⬚ with me.

4 오래된 티셔츠를 벗고 귀여운 조끼를 입으세요.

→ Take off an old T-shirt and put on a cute ⬚⬚⬚⬚⬚⬚.

5 그 마을의 모든 집들은 비슷해 보였다.

→ Every house looked ⬚⬚⬚⬚⬚⬚ in the village.

6 그녀는 그 바위 뒤에서 종잇조각을 발견했다.

→ She ⬚⬚⬚⬚⬚⬚ a piece of paper behind the rock.

7 너는 여기서 천천히 운전을 해야 해.

→ You have to drive ⬚⬚⬚⬚⬚⬚ here.

오답률 20%

A 다음 중 단어와 뜻이 <u>잘못</u> 연결된 것을 고르시오. 2점

① similar - 비슷한　　　② powerful - 강한　　　③ raise - 모금하다

④ sheep - 양　　　⑤ vest - 성인

오답률 25%

B 다음 주어진 문장의 빈칸에 가장 적절한 단어를 고르시오. 2점

Will you pick up the trash in the _____?

마당 안의 쓰레기를 주워줄래?

① prize　　　② yard　　　③ vest　　　④ throat　　　⑤ adult

오답률 30%

C 다음 문장을 영작할 때 <u>세 번째</u>로 올 단어를 보기에서 고르시오. 2점

> 보기　매일 그 수업을 복습하는 게 어떠니?
> day / the / every / lessons / why / don't / review / you

① review　　　② you　　　③ lesson　　　④ the　　　⑤ every

오답률 50%

D 다음 중 단어의 영영 풀이가 <u>잘못된</u> 것을 고르시오. 2점

① yard: an area of land in front of or behind a house

② sunset: the time when the sun appears in the morning

③ nickname: a humorous name given to someone instead of the real name

④ upset: sad or worried because something bad has happened

⑤ throat: the back part of your mouth and the part inside your neck

오답률 80%

E 주어진 단어들을 우리말과 같은 뜻이 되도록 바르게 배열하시오.

1 참 흥미진진한 날이구나! 3점

(exciting / an / day / what)

_____

2 그 여성 조종사는 한국의 독립을 위해 싸웠다. 4점

(Korea's / pilot / female / the / for / fought / independence)

_____

⬡ 내신 기본 단어

481	**brave** [breiv]	형 용감한	☐ strong and **brave** 강하고 용감한

482	**skill** [skil]	명 기술	☐ computer **skills** 컴퓨터 기술

483	**weekly** [wíːkli]	형 주간의, 매주의	☐ a **weekly** plan 주간 계획

484	**mix** [miks]	동 섞다 명 혼합물	☐ **mix** noodles with sauce 면을 소스와 섞다 ☐ soup **mix** 수프 혼합물

485	**household** [háushòuld]	형 가사의	☐ the **household** robot 가사 로봇

486	**trash** [træʃ]	명 쓰레기	☐ **trash** on the street 길거리 위의 쓰레기

487	**pouch** [pautʃ]	명 주머니	☐ a money **pouch** 동전 주머니

488	**cheer** [tʃiər]	동 1 응원하다 2 환호하다 숙 cheer up 기운 내다	☐ **cheer** for the team 그 팀을 응원하다 ☐ gather together and **cheer** 함께 모여서 환호하다

489	**waist** [weist]	**명** 허리 **혼** waste 쓰레기;낭비하다	☐ turn her **waist** 그녀의 허리를 돌리다
490	**flight** [flait]	**명** 비행 **파** fly 날다	☐ a **flight** school 항공 학교
491	**among** [əmʌ́ŋ]	**전** ～사이에	☐ **among** mystery lovers 추리소설 애호가들 사이에
492	**flash** [flæʃ]	**명** (카메라의) 플래시	☐ use the **flash** 플래시를 사용하다
493	**anymore** [ènimɔ́ːr]	**부** 더 이상	☐ be not neat **anymore** 더 이상 깔끔하지 않다
494	**feed** [fiːd]	**동** 먹이를 주다 • feed-fed-fed	☐ **feed** my dog 나의 강아지에게 먹이를 주다
495	**chewy** [tʃúːi]	**형** 쫄깃쫄깃한	☐ **chewy** cookies 쫄깃쫄깃한 과자
496	**fill** [fil]	**동** 채우다	☐ **fill** the room with flowers 그 방을 꽃으로 채우다
497	**machine** [məʃíːn]	**명** 기계	☐ a washing **machine** 세탁기
498	**shine** [ʃain]	**동** 빛나다 • shine-shone-shone	☐ **shine** with hope 희망으로 빛나다

499 **breathe**
[briːð]
동 호흡하다

breath[breθ] '호흡'과 발음이 달라요.

☐ **breathe** fresh air
신선한 공기를 호흡하다

500 **temperature**
[témpərətʃər]
명 온도

'너의 온도를 재다'는 take your temperature라고 해요.

☐ body **temperature**
체온

🐝 내신 기초 쌓기

Track **25-1**

● 빈칸에 알맞은 말을 넣어 문장을 완성하세요.

1 그 영웅들은 매우 강하고 용감했다.

→ The heroes were very strong and ☐ .

2 너는 매주 용돈을 얼마나 받니?

→ How much is your ☐ allowance?

3 가사 로봇이 그 방들을 청소하고 있다.

→ The ☐ robot is cleaning the rooms.

4 마침내 그녀는 중국에 있는 항공 학교에 입학했다.

→ She finally entered a ☐ school in China.

5 나는 강아지에게 먹이를 준 후에 저녁을 먹는다

→ I have dinner after I ☐ my dog.

6 이 떡은 매우 쫄깃하고 소화시키기 쉽다.

→ This rice cake is very ☐ and easy to digest.

7 그의 얼굴은 다시 한 번 희망으로 빛나고 있었다.

→ His face was ☐ with hope once again.

오답률 20%

A 다음 중 단어와 뜻이 <u>잘못</u> 연결된 것을 고르시오. 2점

① waist - 낭비하다   ② shine - 빛나다   ③ skill - 기술

④ household - 가사의   ⑤ flight - 비행

오답률 25%

B 다음 주어진 문장의 빈칸에 가장 적절한 단어를 고르시오. 2점

A father seahorse keeps the eggs in its _____.

아빠 해마는 알들을 자신의 주머니 안에 보관한다.

① pouch   ② household   ③ skill   ④ fight   ⑤ flash

오답률 30%

C 다음 문장을 영작할 때 <u>여섯 번째</u>로 올 단어를 보기에서 고르시오. 2점

> 보기 ▶ 막내아들은 그 방을 웃음으로 채웠다.
> the / filled / son / room / the / youngest / with / laughter

① son   ② the   ③ filled   ④ with   ⑤ room

오답률 50%

D 다음 중 단어의 영영 풀이가 <u>잘못</u>된 것을 고르시오. 2점

① among: in the middle of a group

② weekly: occurring every seven days

③ brave: feeling worry about the possible results of the situation

④ trash: things that you throw away because you do not want them

⑤ waist: the part around the middle of your body where you wear a belt

오답률 80%

E 주어진 단어들을 우리말과 같은 뜻이 되도록 바르게 배열하시오.

1 너의 허리를 오른쪽으로 돌려라. 3점

(to / your / right / turn / the / waist)

_____

2 정상 체온은 36.5°C에서 37.5°C이다. 4점

(the / normal / is / to / 36.5°C / body / temperature / 37.5°C)

_____

DAY 26

내신 기본 단어

 Track 26

---

501 **trip**
[trip]

명 여행
참 field trip 현장학습

□ take a **trip**
여행을 하다

502 **amazing**
[əméiziŋ]

형 놀라운
파 amazingly 놀랍게도

□ an **amazing** experience
놀라운 경험

503 **starfish**
[stɑ́ːrfiʃ]

명 불가사리
복 starfish

□ fight with a **starfish**
불가사리와 싸우다

504 **stare**
[stέər]

동 응시하다
숙 stare at ~을 응시하다

□ **stare** back at him
그를 다시 응시하다

505 **booth**
[buːθ]

명 부스, 칸막이

□ a phone **booth**
공중 전화 부스

506 **shade**
[ʃeid]

명 1 그늘 2 (전등)갓
혼 shadow 그림자

□ a lamp **shade**
전등갓

507 **language**
[læŋgwidʒ]

명 언어
참 sign language 수화

□ different **languages**
다른 언어들
□ learn a sign language
수화를 배우다

508 **report**
[ripɔ́ːrt]

명 보고서
동 보도하다
파 reporter 기자

□ the science **report**
과학보고서
□ **report** the news
뉴스를 보도하다

110

509 **master** [mǽstər]	**명** 주인 **동** 숙달하다	☐ his new **master** 그의 새 주인 ☐ **master** daily tasks 일상적인 일들을 숙달하다
510 **sticky** [stíki]	**형** 끈끈한 **반** non-sticky 끈끈하지 않은	☐ a **sticky** line 끈끈한 줄
511 **wax** [wæks]	**명** 밀랍, 왁스	☐ **wax** paper 납지 [밀랍 종이]
512 **loudly** [láudli]	**부** 크게 **파** loud 큰	☐ talk **loudly** 크게 말하다
513 **remove** [rimúːv]	**동** 제거하다	☐ **remove** the poster 그 포스터를 제거하다
514 **shell** [ʃel]	**명** 껍질	☐ the turtle's **shell** 그 거북의 등껍질
515 **pot** [pat]	**명** 1 화분 2 냄비	☐ the seed in a **pot** 화분 속에 씨앗 ☐ water in a **pot** 냄비 속에 물
516 **proud** [praud]	**형** 자랑스러운 **숙** be proud of ~을 자랑스러워하다	☐ feel **proud** 자랑스럽게 느끼다 ☐ be proud of my family 내 가족을 자랑스러워하다
517 **either** [íːðər]	**부** (부정문) ~도 또한 **숙** either A or B (둘 중) A 또는 B	☐ I don't sing, **either** 나는 노래도 하지 않는다. ☐ either happy or angry 행복하거나 화난
518 **wave** [weiv]	**동** 흔들다 **명** 파도	☐ **wave** my hand 나의 손을 흔들다 ☐ play in the **waves** 파도 속에서 놀다

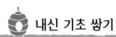 **내신 심화 단어**

| 519 | **suspicious**
[səspíʃəs] | 형 수상한 | ☐ look **suspicious**
수상해 보이다 |
| 520 | **confident**
[kánfədənt] | 형 자신감 있는 | ☐ feel **confident**
자신감을 느끼다 |

내신 기초 쌓기

 Track 26-1

● 빈칸에 알맞은 말을 넣어 문장을 완성하세요.

1 그 축제는 내 인생의 가장 놀라운 경험이었다.

→ The festival was the most [   ] experience of my life.

2 종이로 전등갓을 만들고 싶니?

→ Do you want to make a lamp [   ] with paper?

3 너의 과학보고서는 무엇에 관한 것이었니?

→ What was your science [   ] about?

4 나는 그 개가 새 주인과 살아야 한다고 생각해.

→ I think the dog has to live with his new [   ].

5 우리는 교실 벽에서 그 포스터를 제거했다.

→ We [   ] the poster from the classroom wall.

6 그 거북의 등껍질은 매우 단단하다.

→ The turtle's [   ] is very hard.

7 그녀는 춤을 추지 않고 노래도 하지 않는다.

→ She doesn't dance and doesn't sing, [   ].

/ 15점

A 오답률 20%

다음 중 단어와 뜻이 <u>잘못</u> 연결된 것을 고르시오. 2점

① amazing - 놀라운　　② trip - 여행　　③ remove - 흔들다

④ pot - 화분　　⑤ sticky - 끈끈한

B 오답률 25%

다음 주어진 문장의 빈칸에 가장 적절한 단어를 고르시오. 2점

Some people in South Africa speak over 11 different _____.

남아프리카공화국의 어떤 사람들은 11개 이상의 다른 언어를 말한다.

① trips　　② languages　　③ shells　　④ masters　　⑤ reports

C 오답률 30%

다음 문장을 영작할 때 <u>네 번째</u>로 올 단어를 보기에서 고르시오. 2점

> 보기 〉　귀여운 고양이들이 그를 다시 응시했다.
> back / stared / at / cute / the / him / cats

① cute　　② the　　③ at　　④ him　　⑤ stared

D 오답률 50%

다음 중 단어의 영영 풀이가 <u>잘못된</u> 것을 고르시오. 2점

① booth: small area set off by walls for special use

② shade: an area where there is no light from the sun

③ master: to learn how to do something very well

④ shell: the hard outer covering of some creatures

⑤ proud: not afraid of dangerous or difficult situations

E 오답률 80%

주어진 단어들을 우리말과 같은 뜻이 되도록 바르게 배열하시오.

1 우리의 부스에 오신 것을 환영합니다. 3점

(to / our / welcome / booth)

_____

2 네가 마라톤을 마친다면, 너는 자신감을 느낄 것이다. 4점

(you / marathon / a / will / you / confident / if / finish / feel)

_____

DAY **27**

🔷 내신 기본 단어

521	**flag** [flæg]	몡 기, 깃발	☐ the national **flag** 국기
522	**touch** [tʌtʃ]	동 만지다	☐ **touch** the artwork 미술품을 만지다
523	**valley** [vǽli]	몡 계곡	☐ in a **valley** 계곡에서
524	**warmth** [wɔːrmθ]	몡 온기 팬 warm 따뜻한	☐ for **warmth** 온기를 위하여 ☐ a warm bath 따뜻한 목욕
525	**topping** [tápiŋ]	몡 고명	☐ different **toppings** 다양한 고명
526	**straw** [strɔː]	몡 1 짚 2 빨대	☐ a **straw** hat 밀짚 모자 ☐ drink through a **straw** 빨대로 마시다
527	**until** [əntíl]	전 ~까지 접 ~까지	☐ **until** summer vacation 여름 방학까지 ☐ **until** the pan gets hot 냄비가 뜨거워질 때까지
528	**whale** [hweil]	몡 고래	☐ the **whale's** favorite food 고래가 가장 좋아하는 음식

529	**golden** [góuldən]	형 황금의	□ a **golden** apple 황금 사과
530	**explain** [ikspléin]	동 설명하다	□ **explain** the situation 그 상황을 설명하다
531	**treetop** [trí:tàp]	명 나무 꼭대기	□ sing in the **treetops** 나무 꼭대기에서 노래하다
532	**newborn** [njú:bɔ́:rn]	형 갓 난	□ a **newborn** baby 갓난아기
533	**lovely** [lʌ́vli]	형 사랑스러운	□ cute and **lovely** 귀엽고 사랑스러운
534	**forest** [fɔ́:rist]	명 숲	□ go into the **forest** 숲으로 가다
535	**buy** [bai]	동 사다 • buy-bought-bought	□ **buy** a candle 초를 사다
536	**talent** [tǽlənt]	명 재능 파 talented 재능 있는	□ a special **talent** 특별한 재능 □ smart and talented 똑똑하고 재능 있는
537	**heel** [hi:l]	명 뒤꿈치 혼 hill 언덕	□ raise your **heels** 너의 뒤꿈치를 들다
538	**vote** [vout]	동 투표하다 명 투표	□ **vote** for the festival 축제에 찬성투표하다 □ after the **vote** 투표 후에

내신 심화 단어

539 **apologize**
[əpɑ́lədʒàiz]
⑧ 사과하다

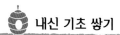 apologize for 뒤에는 '사과하는 이유'가 와요.

□ **apologize** for being late
늦은 것에 대해 사과하다

540 **process**
[prɑ́ses]
⑲ 과정

□ a hard and long **process**
힘들고 긴 과정

내신 기초 쌓기

 Track **27-1**

● 빈칸에 알맞은 말을 넣어 문장을 완성하세요.

1 국기는 그 나라의 상징이다.

→ The national [   ] is a symbol of the nation.

2 펭귄들은 온기를 위하여 가까이 모인다.

→ Penguins get close together for [   ].

3 여름 방학까지 겨우 1주일 남았다.

→ There is only one week left [   ] summer vacation.

4 그 노인은 왕으로부터 황금 사과를 받았다.

→ The old man got a [   ] apple from the king.

5 나의 애완동물은 매우 귀엽고 사랑스러워.

→ My pet is very cute and [   ].

6 막내아들은 초와 성냥 한 갑을 샀다.

→ The youngest son [   ] a candle and a box of matches.

7 모두가 그 축제에 찬성투표를 했다.

→ Everybody [   ] for the festival.

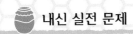

/ 15점

오답률 20%

A 다음 중 단어와 뜻이 <u>잘못</u> 연결된 것을 고르시오. 2점

① flag - 깃발　　　　② warmth - 온기　　　　③ straw - 짚

④ treetop - 나무 꼭대기　　⑤ heel - 언덕

오답률 25%

B 다음 주어진 문장의 빈칸에 가장 적절한 단어를 고르시오. 2점

She was not sure about her special _____.

그녀는 자신의 특별한 재능에 대해 확신하지 않았다.

① valley　　　② flag　　　③ talent　　　④ topping　　　⑤ heel

오답률 30%

C 다음 문장을 영작할 때 다섯 번째로 올 단어를 보기에서 고르시오. 2점

> 보기　그 탐정은 그 상황을 모두에게 설명했다.
> everybody / to / the / situation / detective / explained / the

① explained　　② to　　③ the　　④ situation　　⑤ everybody

오답률 50%

D 다음 중 단어의 영영 풀이가 <u>잘못된</u> 것을 고르시오. 2점

① newborn: recently born

② touch: to put your hand on something

③ topping: a flavorful addition on top of a dish

④ forest: a large area covered by trees growing close together

⑤ valley: a high area of land that is smaller than a mountain

오답률 80%

E 주어진 단어들을 우리말과 같은 뜻이 되도록 바르게 배열하시오.

1 갓난아기는 약 300개의 뼈를 갖고 있다. 3점

(has / bones / newborn / a / baby / 300 / about)

_____

2 실수에 대해 사과하는 것은 중요하다. 4점

(apologize / to / mistake / for / it / is / important / a)

_____

내신 기본 단어

---

541 **wooden**
[wúdn]

휑 나무로 된

☐ a **wooden** building
나무로 된 건물

542 **glad**
[glæd]

휑 기쁜

☐ be **glad** to hear
들어서 기쁘다

543 **calm**
[ka:m]

휑 차분한
동 진정하다

☐ stay **calm**
차분히 있다

☐ **calm** down
진정하다

544 **sign**
[sain]

명 표지판
동 서명하다

☐ a traffic **sign**
교통 표지판

☐ **sign** a contract
계약서에 서명하다

545 **wing**
[wiŋ]

명 날개

☐ open their **wings**
그들의 날개를 펴다

546 **wish**
[wiʃ]

명 소원
동 바라다

☐ three **wishes**
세 가지 소원들

☐ as you **wish**
네가 바라는 대로

547 **match**
[mætʃ]

명 1 경기 2 성냥

☐ a big **match**
큰 경기

☐ a candle and a **match**
초와 성냥

548 **lonely**
[lóunli]

휑 외로운
혼 alone 홀로

☐ sad or **lonely**
슬프거나 외로운

☐ work alone
홀로 일하다

118

549 **exercise**
[éksərsàiz]
동 운동하다
명 운동

□ **exercise** every day
매일 운동하다
□ a good **exercise**
좋은 운동

550 **perfect**
[pə́ːrfikt]
형 완벽한

□ a **perfect** girlfriend
완벽한 여자친구

551 **snail**
[sneil]
명 달팽이

□ slow as a **snail**
달팽이처럼 느린

552 **catch**
[kætʃ]
동 1 잡다
2 (병에) 걸리다
• catch-caught-caught

□ **catch** a big fish
큰 고기를 잡다
□ **catch** a bad cold
독감에 걸리다

553 **hero**
[híərou]
명 영웅

□ about two **heroes**
두 명의 영웅들에 관한

554 **illness**
[ílnis]
명 질병
유 disease

□ avoid **illness**
질병을 피하다

555 **dense**
[dens]
형 밀도가 높은

□ **denser** than oil
기름보다 밀도가 더 높은

556 **stupid**
[stjúːpid]
형 어리석은

□ a **stupid** idea
어리석은 생각

557 **tear**
[tiər]
명 눈물
참 tear² [tɛəːr] 찢다

□ without **tears**
눈물 없이
□ tear² the paper
종이를 찢다

558 **lizard**
[lízərd]
명 도마뱀

□ look like a **lizard**
도마뱀처럼 보이다

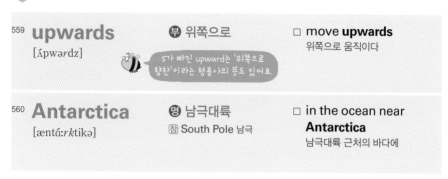

내신 심화 단어

559 upwards
[ʌ́pwərdz]

🐝 **위쪽으로**

s가 빠진 upward는 '위쪽으로 향한'이라는 형용사의 뜻도 있어요

☐ move **upwards**
위쪽으로 움직이다

560 Antarctica
[æntɑ́ːrktikə]

📛 **남극대륙**
🐝 South Pole 남극

☐ in the ocean near **Antarctica**
남극대륙 근처의 바다에

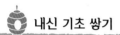 내신 기초 쌓기

 Track 28-1

● 빈칸에 알맞은 말을 넣어 문장을 완성하세요.

1 그들은 나무로 된 건물 앞에서 기다리고 있다.

→ They are waiting in front of a _____ building.

2 그 표지판에는 "구명조끼를 입으시오."라고 쓰여 있다.

→ The _____ says, "Put on a life jacket."

3 너의 세 가지 소원들은 무엇이니?

→ What are your three _____?

4 우리 모임에서는 어느 누구도 슬프거나 외롭지 않았다.

→ No one felt sad or _____ in our group.

5 나는 완벽한 여자친구를 갖고 싶어요.

→ I want to have a _____ girlfriend.

6 물은 기름보다 밀도가 더 높다.

→ Water is _____ than oil.

7 그 연필통은 도마뱀처럼 보인다.

→ The pencil case looks like a _____.

120

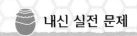
A 오답률 20%

다음 중 단어와 뜻이 <u>잘못</u> 연결된 것을 고르시오. 2점

① calm - 차분한　　　② wish - 바라다　　　③ match - 경기

④ perfect - 완벽한　　　⑤ lonely - 홀로

B 오답률 25%

다음 주어진 문장의 빈칸에 가장 적절한 단어를 고르시오. 2점

Sleep enough, eat right, and wash your hands to avoid _____.

질병을 피하기 위해 충분히 자고 바르게 먹고 손을 씻어라.

① sign　　　② wish　　　③ illness　　　④ tear　　　⑤ match

C 오답률 30%

다음 문장을 영작할 때 세 번째로 올 단어를 보기에서 고르시오. 2점

> 보기　　　우리는 건강해지기 위해서 매일 운동해야 한다.
> every / day / be / to / healthy / we / exercise / should

① exercise　　　② should　　　③ to　　　④ healthy　　　⑤ every

D 오답률 50%

다음 중 단어의 영영 풀이가 <u>잘못된</u> 것을 고르시오. 2점

① wooden: made of wood

② stupid: very silly or not clever

③ glad: experiencing or showing sorrow or unhappiness

④ hero: a very brave person that a lot of people admire

⑤ wing: one of the two parts that a bird or insect uses to fly

E 오답률 80%

주어진 단어들을 우리말과 같은 뜻이 되도록 바르게 배열하시오.

1 그 말을 들어서 기쁘다. 3점

(hear / I / that / am / glad / to)

_____

2 남극대륙 근처의 바다에는 물고기가 살까? 4점

(in / Antarctica / fish / do / live / near / ocean / the)

_____

DAY 29

---

561 **dew**
[dju:]

명 이슬

☐ morning **dew**
아침 이슬

562 **tale**
[teil]

명 이야기
혼 tail 꼬리

☐ a fairy **tale**
동화

563 **drawer**
[drɔ́:r]

명 서랍

☐ open a **drawer**
서랍을 열다

564 **stretch**
[stretʃ]

동 뻗다

☐ **stretch** out her legs
그녀의 다리를 쭉 뻗다

565 **arch**
[a:rtʃ]

동 (몸을 동그랗게)
구부리다

☐ **arch** your back
너의 등을 구부리다

566 **downward**
[dáunwərd]

부 아래쪽으로
반 upward 위쪽으로

☐ flow **downward**
아래쪽으로 흐르다

567 **canal**
[kənǽl]

명 운하

☐ frozen **canals**
얼어붙은 운하

568 **snowflake**
[snóuflèik]

명 눈송이

☐ a tiny **snowflake**
작은 눈송이

569 cough
[kɔːf]

- 명 기침, 기침소리
- 동 기침하다

□ have a **cough**
기침이 나다
□ **cough** a lot
기침을 많이 하다

570 polite
[pəláit]

- 형 예의 바른

□ look **polite**
예의 바르게 보이다

571 upstairs
[ʌ̀pstɛ́ərz]

- 부 위층에

□ go **upstairs**
위층에 가다

572 evil
[íːvəl]

- 형 사악한

□ **evil** spirits
악귀

573 motivational
[mòutəvéiʃənl]

- 형 동기를 부여하는

□ a **motivational** speech
동기를 부여하는 연설

574 prison
[prízn]

- 명 감옥

□ get out of **prison**
감옥에서 나가다

575 beat
[biːt]

- 동 두드리다
- • beat-beat-beaten

□ **beat** the drums
북을 두드리다

576 slide
[slaid]

- 명 미끄럼틀

□ go down the **slide**
미끄럼틀을 타다

577 dynasty
[dáinəsti]

- 명 왕조

□ the Joseon **Dynasty**
조선 왕조

578 collar
[kálər]

- 명 1 (개의) 목걸이
  2 (윗옷의) 깃
- 혼 color 색깔

□ a dog **collar**
개 목걸이
□ a fur **collar**
모피 깃

579 **limitation**
[lìmətéiʃən]

명 한계
파 limit 제한;제한하다

□ overcome **limitations**
한계를 극복하다

imitation '모조품'과
혼동하지 말아요.

580 **obstacle**
[ábstəkl]

명 1 장애 2 장애물

□ jumps and **obstacles**
(장애물 경주의) 장애물

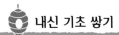 내신 기초 쌓기

● 빈칸에 알맞은 말을 넣어 문장을 완성하세요.

1 그녀는 항상 예의 바르게 보이려고 노력한다.

→ She always tries to look [   ].

2 그가 일어났을 때 작은 눈송이들이 내리고 있었다.

→ Tiny [   ] were falling when he woke up.

3 콜록! 콜록! 나는 독감에 걸렸다.

→ [   ]! [   ]! I caught a bad cold.

4 그녀는 북을 두드리고 있다.

→ She is [   ] the drums.

5 그는 감옥에서 나왔을 때, 일본에 가기로 결심했다.

→ When he got out of [   ], he decided to go to Japan.

6 아이들은 긴 미끄럼틀을 타고 내려갔다.

→ Children went down the long [   ].

7 나의 개는 목걸이를 하고 있다.

→ My dog is wearing a [   ].

124

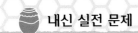
내신 실전 문제

/ 15점

오답률 20%

A 다음 중 단어와 뜻이 <u>잘못</u> 연결된 것을 고르시오. (2점)

① canal - 운하　　　　② collar - 깃　　　　③ slide - 눈송이

④ dew - 이슬　　　　⑤ arch - 구부리다

오답률 25%

B 다음 주어진 문장의 빈칸에 가장 적절한 단어를 고르시오. (2점)

The main palace of the Joseon _____ was Gyeongbokgung.

조선 왕조 제일의 궁궐은 경복궁이었다.

① Prison　　　② Beat　　　③ Drawer　　　④ Dew　　　⑤ Dynasty

오답률 30%

C 다음 문장을 영작할 때 <u>세 번째</u>로 올 단어를 보기에서 고르시오. (2점)

> 보기　　나는 휴식을 취하러 위층에 갈 거야.
>
> take / a / rest / go / upstairs / I'll / to

① take　　　　② go　　　　③ upstairs　　　　④ to　　　　⑤ rest

오답률 50%

D 다음 중 단어의 영영 풀이가 <u>잘못된</u> 것을 고르시오. (2점)

① obstacle: something that makes it difficult for you to succeed

② cough: to push air out of your throat with a sudden sound

③ drawer: a piece of furniture with shelves

④ polite: having or showing good manners

⑤ tale: a story about magic or exciting events

오답률 80%

E 주어진 단어들을 우리말과 같은 뜻이 되도록 바르게 배열하시오.

1 미나는 동기를 부여하는 연설을 했다. (3점)

(gave / speech / a / Mina / motivational)

_____

2 그는 자신의 한계를 극복하기 위해 열심히 노력한다. (4점)

(tries / to / his / limitations / he / hard / overcome)

_____

DAY **30**

---

581 **neighbor**
[néibər]

똉 이웃

□ meet his **neighbors**
그의 이웃들을 만나다

582 **block**
[blak]

똉 막다

□ **block** the sunlight
햇빛을 막다

583 **overcome**
[ðuvərkʌ́m]

똉 극복하다
• overcome-overcame-
overcome

□ **overcome** difficulties
어려움들을 극복하다

584 **gain**
[gein]

똉 1 얻다 2 늘리다

□ **gain** popularity
인기를 얻다
□ **gain** weight
살이 찌다

585 **bulb**
[bʌlb]

똉 전구

□ a light **bulb**
전구

586 **rhymes**
[raim]

똉 운문
똉 rhythm [riðm] 리듬

□ short **rhymes**
짧은 운문

587 **tease**
[ti:z]

똉 놀리다

□ **tease** someone
누군가를 놀리다

588 **pollute**
[pəlú:t]

똉 오염시키다
똉 pollution 오염

□ **pollute** the air
공기를 오염시키다
□ air pollution
대기 오염

589 **lazy**
[léizi]

형 1 게으른
2 나른한

□ a **lazy** boy
게으른 소년
□ feel **lazy**
나른하다

590 **stair**
[stɛər]

명 계단
혼 stare 응시하다

□ climb **stairs**
계단을 오르다

591 **host**
[houst]

명 주인
동 주최하다

□ the **host** of a party
파티의 주인
□ **host** a dinner party
저녁 파티를 주최하다

592 **branch**
[bræntʃ]

명 나뭇가지

□ cut off **branches**
나뭇가지들을 자르다

593 **normal**
[nɔ́:rməl]

형 정상의, 보통의

□ **normal** body
temperature
정상 체온

594 **dwarf**
[dwɔ:rf]

명 난쟁이

□ the seven **dwarfs**
일곱 난쟁이들

595 **adventure**
[ædvéntʃər]

명 모험

□ stories of **adventure**
모험 소설

596 **gently**
[dʒéntli]

부 부드럽게

□ **gently** lift off
부드럽게 이륙하다

597 **speech**
[spi:tʃ]

명 연설

□ give a **speech**
연설하다

598 **nervous**
[nə́:rvəs]

형 긴장한
파 nervously 초조하게

□ feel **nervous**
긴장하다
□ answer nervously
초조하게 대답하다

599 **anywhere**
[énihwɛ̀ər]
🐝 부 어디에도

긍정문일 때 '어디든지'로 해석해요.

□ not go **anywhere**
어디에도 가지 않다

600 **presentation**
[prèzəntéiʃən]
명 발표

□ do a **presentation**
발표를 하다

🍯 내신 기초 쌓기

Track 30-1

● 빈칸에 알맞은 말을 넣어 문장을 완성하세요.

1 내가 햇빛을 막지 않았더니 꽃들이 잘 자랐다.

→ I didn't [　　　　　] the sunlight and my flowers grew well.

2 그들은 가끔 재미로 약간의 짧은 운문을 짓는다.

→ They sometimes make up some short [　　　　　] for fun.

3 그는 조선 왕조에 대한 훌륭한 발표를 했다.

→ He did a good [　　　　　] about the Joseon Dynasty.

4 나는 오늘 정말 나른하고 피곤하다.

→ I feel really [　　　　　] and tired today.

5 너는 인간의 정상 체온을 알고 있니?

→ Do you know the [　　　　　] body temperature of a human?

6 비행기는 부드럽게 이륙해서 하늘로 날아갔다.

→ The plane [　　　　　] lifted off and flew up into the sky.

7 나는 한 시간 후에 영어 인터뷰가 있어 긴장이 된다.

→ I will be interviewed in English in an hour, and I feel [　　　　　].

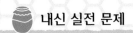

/ 15점

A 오답률 20%

다음 중 단어와 뜻이 잘못 연결된 것을 고르시오. 2점

① speech - 연설　　　② gain - 주최하다　　　③ normal - 정상의

④ block - 막다　　　⑤ lazy - 게으른

B 오답률 25%

다음 주어진 문장의 빈칸에 가장 적절한 단어를 고르시오. 2점

The _____ of the party put some food on my plate.

그 파티의 주인이 내 접시에 음식을 올려놓았다.

① bulb　　　② dwarf　　　③ host　　　④ nervous　　　⑤ stair

C 오답률 30%

다음 문장을 영작할 때 네 번째로 올 단어를 보기에서 고르시오. 2점

> 보기　　Mary는 그녀의 장애들을 극복하기로 결정했다.
> Mary / overcome / obstacles / decided / her / to

① overcome　　　② obstacles　　　③ decided　　　④ to　　　⑤ her

D 오답률 50%

다음 중 단어의 영영 풀이가 잘못된 것을 고르시오. 2점

① branch: the part of a tree that has leaves

② adventure: an unusual and exciting experience

③ pollute: to make something dirty and dangerous

④ tease: to laugh at or make jokes to upset someone

⑤ neighbor: a person connected with another by blood, marriage

E 오답률 80%

주어진 단어들을 우리말과 같은 뜻이 되도록 바르게 배열하시오.

1 우리는 백열전구를 위한 구멍을 만들어야 한다. 3점

(make / should / a hole / for / we / a light bulb)

_____

2 민수는 그의 개 없이는 어디에도 가지 않을 것이다. 4점

(anywhere / go / without / won't / Minsu / dog / his)

_____

⬡ 내신 기본 단어

 Track 31

601	**fur** [fə:r]	명 털	□ white **fur** 흰 털
602	**lift** [lift]	동 들어 올리다	□ **lift** your arms 너의 팔을 들어 올리다
603	**global** [glóubəl]	형 지구의	□ **global** warming 지구 온난화
604	**temple** [témpl]	명 사원	□ a Buddhist **temple** 불교 사원
605	**community** [kəmjú:nəti]	명 지역 주민[사회]	□ a **community** center 지역 주민 센터
606	**pole** [poul]	명 극	□ the North **Pole** 북극
607	**flood** [flʌd]	동 잠기게 하다 명 홍수	□ **flood** the garden 정원을 잠기게 하다 □ a **flood** zone 홍수 지역
608	**challenge** [tʃǽlindʒ]	명 도전	□ a big **challenge** 큰 도전

609 produce
[prədjúːs]

동 생산하다

□ **produce** smartphones
스마트폰을 생산하다

610 present
[préznt]

명 선물
유 gift

□ a birthday **present**
생일 선물

611 servant
[sə́ːrvənt]

명 하인

□ call the **servant**
하인을 부르다

612 expression
[ikspréʃən]

명 표현

□ learn new **expressions**
새로운 표현들을 배우다

613 wet
[wet]

형 젖은

□ get **wet**
물에 젖다

614 yet
[jet]

부 아직

□ not over **yet**
아직 끝나지 않은

615 expensive
[ikspénsiv]

형 비싼
반 cheap 싼

□ an **expensive** car
비싼 차

616 copy
[kápi]

명 복사본

□ a **copy** of the report
보고서 사본

617 allowance
[əláuəns]

명 용돈

□ a weekly **allowance**
일주일 용돈

618 climb
[klaim]

동 오르다

□ **climb** a mountain
산을 오르다

내신 심화 단어

⁶¹⁹ **discuss** [diskʌ́s]
❸ 의논하다

discuss 뒤에 전치사 about을 쓰면 안 돼요.

☐ **discuss** the problem
문제를 의논하다

⁶²⁰ **scare** [skεər]
❸ 겁을 주다

be [get] scared는 '겁을 먹다'로 해석해요.

☐ **scare** me
나를 겁주다

☐ **get scared** and run away
겁을 먹고 도망가다

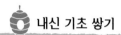 내신 기초 쌓기

 Track **31-1**

● 빈칸에 알맞은 말을 넣어 문장을 완성하세요.

1 지구 온난화는 심각한 문제이다.

→ [   ] warming is a serious problem.

2 우리는 북극에서 북극곰들을 볼 수 있다.

→ We can see polar bears around the North [   ].

3 그는 나에게 생일 선물로 이 책을 주었다.

→ He gave me this book for my birthday [   ].

4 비가 마구 쏟아져서 나는 다 젖었다.

→ Because the rain poured down, I got all [   ].

5 이 게임은 아직 끝나지 않았어.

→ This game is not over [   ].

6 너는 내 사진의 복사본을 원하니?

→ Do you want a [   ] of my photo?

7 그녀는 계단을 올라가서 그의 방문을 두드렸다.

→ She [   ] the stairs and knocked on his door.

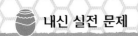

/ 15점

A 오답률 20%

다음 중 단어와 뜻이 <u>잘못</u> 연결된 것을 고르시오. 2점

① produce - 생산하다   ② expression - 표현   ③ copy - 복사본

④ challenge - 도전   ⑤ temple - 하인

B 오답률 25%

다음 주어진 문장의 빈칸에 가장 적절한 단어를 고르시오. 2점

A polar bear has black skin under its white _____.

북극곰은 흰 털 속에 검은 피부를 가지고 있다.

① wet   ② lift   ③ climb   ④ fur   ⑤ yet

C 오답률 30%

다음 문장을 영작할 때 <u>다섯 번째</u>로 올 단어를 보기에서 고르시오. 2점

> 보기 그 비행기는 땅에서 이륙하기 시작했다.
>
> the / started / off / lift / from / the / ground / plane / to

① started   ② from   ③ ground   ④ lift   ⑤ plane

D 오답률 50%

다음 중 단어의 영영 풀이가 <u>잘못</u>된 것을 고르시오. 2점

① global: to frighten or worry someone

② expensive: costing a lot of money

③ servant: a person who works at someone's home

④ pole: the most northern and southern points on the Earth

⑤ allowance: the money that is given to someone regularly by parents

E 오답률 80%

주어진 단어들을 우리말과 같은 뜻이 되도록 바르게 배열하시오.

1 그 왕은 주로 그의 하인과 함께 산책을 한다. 3점

(usually / with / servant / the king / takes / his / a walk)

_____

2 그 문제를 의논하고 해결책을 찾자. 4점

(discuss / solutions / and / find / the problem / let's)

_____

🔷 내신 기본 단어

621 common [kámən]	형 1 흔한 2 공통의	☐ a **common** name 흔한 이름 ☐ have in **common** 공통적으로 지니다
622 lead [liːd]	동 이끌다 참 leader 리더 • lead-led-led	☐ **lead** a group 그룹을 이끌다 ☐ a class leader 학급 반장
623 accept [æksépt]	동 받아들이다	☐ **accept** their mistake 그들의 실수를 받아들이다
624 waste [weist]	동 낭비하다 명 쓰레기 혼 waist 허리	☐ **waste** money 돈을 낭비하다 ☐ food **waste** 음식물 쓰레기
625 reduce [ridʒúːs]	동 줄이다	☐ **reduce** waste 쓰레기를 줄이다
626 gesture [dʒéstʃər]	명 몸짓	☐ the meaning of a **gesture** 몸짓의 의미
627 safe [seif]	형 안전한 파 safety 안전	☐ **safe** drinking water 안전한 식수
628 several [sévərəl]	형 몇몇의	☐ **several** cards 몇 장의 카드

629 **arrive**
[əráiv]
통 도착하다
☐ **arrive** home
집에 도착하다

630 **medicine**
[médəsin]
명 약
☐ take **medicine**
약을 먹다

631 **fashion**
[fǽʃən]
명 패션
☐ a **fashion** magazine
패션 잡지

632 **company**
[kʌ́mpəni]
명 회사
☐ a car **company**
자동차 회사

633 **recycle**
[riːsáikl]
통 재활용하다
☐ **recycle** paper
종이를 재활용하다

634 **foreign**
[fɔ́ːrən]
형 외국의
파 foreigner 외국인
☐ a **foreign** language
외국어
☐ help a **foreigner**
외국인을 돕다

635 **event**
[ivént]
명 1 사건 2 행사
☐ a historical **event**
역사적 사건
☐ a cultural **event**
문화 행사

636 **concert**
[kánsəːrt]
명 음악회
☐ a family **concert**
가족 음악회

637 **improve**
[imprúːv]
통 향상시키다
☐ **improve** my grades
나의 성적을 향상시키다

638 **against**
[əgénst]
전 ~에 반대하여
반 for ~에 찬성하는
☐ be **against** the law
그 법에 반대하다

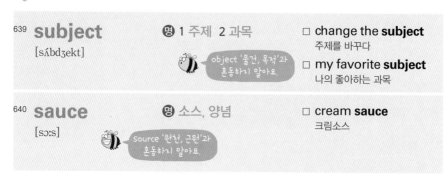

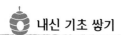
 Track **32-1**

● 빈칸에 알맞은 말을 넣어 문장을 완성하세요.

1 한국과 일본의 공통점은 무엇이니?

→ What do Korea and Japan have in [   ]?

2 나는 정말 돈을 낭비하고 싶지 않다.

→ I really don't want to [   ] money.

3 아프리카의 많은 사람들에게는 안전한 식수가 없다.

→ Many people in Africa don't have [   ] drinking water.

4 그는 친구로부터 몇 장의 카드를 받았다.

→ He received [   ] cards from his friends.

5 우리는 겨울에 많은 흥미로운 행사들을 계획하고 있다.

→ We are planning many interesting [   ] in winter.

6 요가는 너의 균형과 집중력을 향상시키도록 도와줄 것이다.

→ Yoga will help you to [   ] your balance and concentration.

7 학생들의 절반이 그 법에 반대했다.

→ Half of the students were [   ] the law.

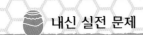
A 오답률 20%

다음 중 단어와 뜻이 <u>잘못</u> 연결된 것을 고르시오. 2점

① common - 흔한　　② waste - 낭비하다　　③ against - ~에 찬성하여

④ company - 회사　　⑤ foreign - 외국의

B 오답률 25%

다음 주어진 문장의 빈칸에 가장 적절한 단어를 고르시오. 2점

Take the _____ and you'll get better soon.

그 약을 먹으면 너는 곧 괜찮아질 거야.

① safe　　② gesture　　③ lead　　④ medicine　　⑤ sauce

C 오답률 30%

다음 문장을 영작할 때 <u>다섯 번째</u>로 올 단어를 보기에서 고르시오. 2점

> 보기　　그는 역에 30분 늦게 도착했다.
>
> the / station / arrived / late / he / at / 30 minutes

① late　　② station　　③arrived　　④ at　　⑤ he

D 오답률 50%

다음 중 단어의 영영 풀이가 <u>잘못된</u> 것을 고르시오. 2점

① recycle: to use something again

② improve: to make something better

③ arrive: to leave a place and start to travel

④ accept: to say that something is true

⑤ reduce: to make something smaller in size or less in amount

E 오답률 80%

주어진 단어들을 우리말과 같은 뜻이 되도록 바르게 배열하시오.

1 Rick은 그의 실수를 받아들일 수 없었다. 3점

(his / accept / could / Rick / not / mistake)

_____

2 우리는 각 과목마다 다른 선생님이 있다. 4점

(each / different / have / we / for / subject / teacher / a)

_____

🔷 내신 기본 단어

Track 33

---

641 useful
[júːsfəl]

형 유용한

☐ **useful** advice
유용한 충고

---

642 tour
[túər]

명 여행, 둘러보기
파 tourist 여행객

☐ a **tour** guide
여행안내원

☐ take a **tour** of school
학교를 둘러보다

---

643 secret
[síːkrit]

명 비밀
파 secretly 몰래

☐ keep a **secret**
비밀을 지키다

☐ **secretly** follow her
몰래 그녀를 따라가다

---

644 dark
[daːrk]

형 어두운

☐ a **dark** place
어두운 장소

---

645 coin
[kɔin]

명 동전

☐ collect **coins**
동전을 수집하다

---

646 desert
[dézərt]

명 사막
혼 dessert[dizə́ːrt] 후식

☐ live in a **desert**
사막에 살다

---

647 wise
[waiz]

형 현명한
파 wisely 현명하게

☐ a **wise** answer
현명한 대답

☐ use time **wisely**
시간을 현명하게 쓰다

---

648 gift
[gift]

명 선물
유 present

☐ a wedding **gift**
결혼 선물

649	**add** [æd]	동 더하다	□ **add** some pepper 약간의 후추를 더하다
650	**behind** [biháind]	전 ~뒤에(서)	□ **behind** the door 문 뒤에서
651	**ride** [raid]	동 타다 • ride-rode-ridden	□ **ride** a bike 자전거를 타다
652	**worried** [wə́:rid]	형 걱정스러운	□ look **worried** 걱정스러워 보이다
653	**since** [sins]	전 ~부터, ~이래로	□ **since** 1986 1986년부터
654	**break** [breik]	동 고장내다 • break-broke-broken 명 휴식 시간	□ **break** my computer 내 컴퓨터를 고장내다 □ during the **break** 휴식 시간 동안
655	**pay** [pei]	동 지불하다 숙 pay attention to~ ~에게 집중하다	□ **pay** the bill 계산서를 지불하다 □ pay attention to the teacher 선생님에게 집중하다
656	**special** [spéʃəl]	형 특별한	□ a **special** plan 특별한 계획
657	**happen** [hǽpən]	동 일어나다	□ What **happened**? 무슨 일이니?
658	**save** [seiv]	동 1 구하다 2 저축하다	□ **save** the Earth 지구를 구하다 □ **save** money 돈을 저축하다

내신 심화 단어

659 throw
[θrou]

동 던지다
• throw-threw-thrown

throw away는 더 이상 필요 없는 것을 '버리다'의 뜻으로 쓰여요.

☐ **throw** water balloons
물풍선을 던지다

☐ throw away food
음식을 버리다

660 volunteer
[vàləntíər]

형 자원봉사의
명 자원봉사자
동 자원봉사하다

형용사, 동사, 명사의 형태가 같아요.

☐ do **volunteer** work
자원봉사 활동을 하다

☐ send us **volunteers**
우리에게 자원봉사자들을 보내다

☐ **volunteer** with my club members
내 동아리 회원들과 자원봉사하다

내신 기초 쌓기

Track 33-1

● 빈칸에 알맞은 말을 넣어 문장을 완성하세요.

1 너는 비밀을 지킬 수 있지, 그렇지 않니?

→ You can keep a [   ], can't you?

2 그 부유한 남자는 그녀의 현명한 대답에 매우 기뻐했다.

→ The rich man was very pleased with her [   ] answer.

3 그녀는 수프에 약간의 후추를 더했다.

→ She [   ] some pepper to the soup.

4 우리는 그 다리를 가로질러 자전거를 탔다.

→ We [   ] our bikes across the bridge.

5 그는 1986년부터 감옥에 있었다.

→ He has been in jail [   ] 1986.

6 너는 그 병원비를 지불하지 않았어.

→ You didn't [   ] the hospital bill.

7 뭔가 좋은 일이 그녀에게 일어날 지도 몰라.

→ Something good may [   ] to her.

/ 15점

오답률 20%

A 다음 중 단어와 뜻이 잘못 연결된 것을 고르시오. 2점

① add - 더하다 ② wise - 현명한 ③ happen - 일어나다

④ pay - 집중하다 ⑤ tour - 여행 ⑤ break - 휴식

오답률 25%

B 다음 주어진 문장의 빈칸에 가장 적절한 단어를 고르시오. 2점

We made a _____ plan for him.

우리는 그를 위해 특별한 계획을 세웠다.

① dark ② useful ③ wise ④ worried ⑤ special

오답률 30%

C 다음 문장을 영작할 때 네 번째로 올 단어를 보기에서 고르시오. 2점

> **보기** 그 고양이는 문 뒤에서 자고 있었다.
> the / cat / door / was / sleeping / behind / the

① the ② was ③ behind ④ sleeping ⑤ door

오답률 50%

D 다음 중 단어의 영영 풀이가 잘못된 것을 고르시오. 2점

① useful: helping you to do or get something

② dark: full of light or shining strongly

③ ride: to travel on or in a vehicle usually as a passenger

④ coin: a flat, round piece of metal used as money

⑤ secret: something that should remain hidden from others

오답률 80%

E 주어진 단어들을 우리말과 같은 뜻이 되도록 바르게 배열하시오.

1 너의 남동생이 내 컴퓨터를 고장냈어. 3점

(brother / broke / your / my / computer)

_____

2 사람들은 그 축제에서 물풍선을 던졌다. 4점

(the / throw / in / water / balloons / festival / people)

_____

내신 기본 단어

---

661 **wild**
[waild]

형 야생의

□ **wild** animals
야생 동물들

---

662 **own**
[oun]

형 자신만의
숙 on one's own
혼자 힘으로

□ my **own** business
나의 사업

□ live on her own
그녀의 혼자 힘으로 살다

---

663 **various**
[vɛ́əriəs]

형 다양한

□ **various** events
다양한 행사들

---

664 **believe**
[bilíːv]

동 믿다

□ **believe** my eyes
내 눈을 믿다

---

665 **another**
[ənʌ́ðər]

형 또 다른
대 다른 것[사람]

□ **another** problem
또 다른 문제

□ show you **another**
너에게 다른 것을 보여주다

---

666 **still**
[stil]

부 1 여전히
2 그러나

□ be **still** hungry
여전히 배가 고프다

□ **Still**, the team won praise.
그러나 그 팀은 칭찬을 받았다.

---

667 **last**
[læst]

동 지속하다
형 지난

□ **last** forever
영원히 지속하다

□ **last** night
지난 밤

---

668 **even**
[íːvən]

부 심지어…도

□ **even** on weekends
심지어 주말에도

---

669 **pain**
[pein]

🅟 고통

☐ reduce the **pain**
고통을 줄이다

670 **joy**
[dʒɔi]

🅟 기쁨

☐ dance with **joy**
기뻐서 춤추다

671 **remember**
[rimémbər]

🅥 기억하다
🅟 forget 잊다

☐ **remember** my birthday
나의 생일을 기억하다

672 **view**
[vjuː]

🅟 전망, 경치
🅟 viewer 시청자

☐ a beautiful **view**
아름다운 전망

673 **tough**
[tʌf]

🅗 질긴

☐ as **tough** as leather
가죽처럼 질긴

674 **serve**
[səːrv]

🅥 (음식을) 제공하다
🅟 server 종업원

☐ **serve** a free lunch
무료 점심을 제공하다

☐ call the server
종업원을 부르다

675 **pilot**
[páilət]

🅟 조종사

☐ a fighter **pilot**
전투기 조종사

676 **protect**
[prətékt]

🅥 보호하다

☐ **protect** the Earth
지구를 보호하다

677 **factory**
[fǽktəri]

🅟 공장

☐ work in a **factory**
공장에서 일하다

678 **share**
[ʃɛər]

🅥 공유하다

☐ **share** our thoughts
우리의 생각을 공유하다

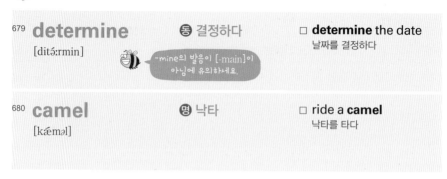

679 **determine**
[ditə́ːrmin]
⑧ 결정하다
□ **determine** the date
날짜를 결정하다

-mine의 발음이 [-main]이 아님에 유의하세요.

680 **camel**
[kǽməl]
⑲ 낙타
□ ride a **camel**
낙타를 타다

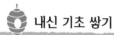 내신 기초 쌓기

● 빈칸에 알맞은 말을 넣어 문장을 완성하세요.

1 너는 항상 부모님의 생일을 기억하니?

→ Do you always ⬚ your parents' birthdays?

2 궂은 날씨는 또 다른 문제였다.

→ Bad weather was ⬚ problem.

3 그 꽃은 다음날 아침에 여전히 책상 위에 있었다.

→ The flower was ⬚ on the desk the next morning.

4 이 방은 정원이 보이는 아름다운 전망을 가지고 있다.

→ This room has a beautiful ⬚ of the garden.

5 부드러워질 때까지 질긴 나무껍질을 끓이세요.

→ Boil the ⬚ bark until it becomes soft.

6 우리는 그 조종사의 도움으로 안전하게 도착했다.

→ We arrived safely with the ⬚'s help.

7 우리의 생각을 영어로 공유하자.

→ Let's ⬚ our thoughts in English.

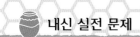
오답률 20%

A 다음 중 단어와 뜻이 <u>잘못</u> 연결된 것을 고르시오. 2점

① view - 전망　　　　② even - 심지어　　　　③ still - 여전히

④ various - 다양한　　　⑤ remember - 잊다

오답률 25%

B 다음 주어진 문장의 빈칸에 가장 적절한 단어를 고르시오. 2점

Beauty doesn't ＿＿＿＿＿＿＿＿ forever.

아름다움은 영원히 지속되지 않는다.

① last　　② remember　　③ believe　　④ serve　　⑤ protect

오답률 30%

C 다음 문장을 영작할 때 <u>다섯 번째로</u> 올 단어를 보기에서 고르시오. 2점

> 보기 ▶ 　어떤 사람들은 야생동물을 애완동물들로 기른다.
>
> as / pets / some / animals / keep / people / wild

① keep　　　② animals　　　③ as　　　④ pets　　　⑤ wild

오답률 50%

D 다음 중 단어의 영영 풀이가 <u>잘못된</u> 것을 고르시오. 2점

① wild: in a natural state

② share: to use or have something with other people

③ pilot: someone who flies a plane

④ tough: not hard, and easy to press

⑤ pain: a symptom of some physical hurt or disorder

오답률 80%

E 주어진 단어들을 우리말과 같은 뜻이 되도록 바르게 배열하시오.

1 나는 그것을 믿을 수가 없어! 3점

(it / I / believe / can't)

_____

2 그들은 그 게임의 우승자를 결정할 수 없었다. 4점

(game / couldn't / of / determine / the / winner / they / the)

_____

DAY 35

내신 기본 단어

---

681 dried
[draid]

형 말린
파 dry 마른

☐ **dried** seaweed
말린 해초 [김]
☐ a **dry** day
마른 날

682 less
[les]

형 더 적은
부 덜

☐ with **less** money
더 적은 돈으로
☐ drive **less** and walk more
덜 운전하고 더 걷다

683 tip
[tip]

명 조언

☐ important **tips**
중요한 조언들

684 bake
[beik]

동 굽다

☐ **bake** cookies
쿠키를 굽다

685 giant
[dʒáiənt]

형 거대한

☐ a **giant** spider
거대한 거미

686 asleep
[əslíːp]

형 잠든
혼 sleepy 졸린

☐ fall **asleep**
잠이 들다

687 cause
[kɔːz]

동 야기하다

☐ **cause** air pollution
대기오염을 야기하다

688 cut
[kʌt]

동 자르다
• cut-cut-cut
숙 cut down 줄이다

☐ **cut** potatoes
감자를 자르다
☐ **cut down** the price
가격을 내리다

146

689	**feel** [fiːl]	동 느끼다 • feel-felt-felt 숙 **feel sorry for** ~를 안쓰럽게 여기다	□ **feel** hungry 배고픔을 느끼다 □ **feel sorry for** her 그녀를 안쓰럽게 여기다
690	**bone** [boun]	명 뼈	□ small **bones** 작은 뼈들
691	**storm** [stɔːrm]	명 폭풍(우)	□ a heavy **storm** 극심한 폭풍(우)
692	**forth** [fɔːrθ]	부 앞으로	□ run back and **forth** 앞뒤로 뛰다
693	**nest** [nest]	명 둥지	□ a bird's **nest** 새둥지
694	**prepare** [pripέər]	동 준비하다	□ **prepare** a salad 샐러드를 준비하다
695	**beauty** [bjúːti]	명 아름다움	□ the **beauty** of nature 자연의 아름다움
696	**layer** [léiər]	명 층	□ thin **layers** 얇은 층들
697	**signal** [sígnəl]	명 신호	□ give a **signal** 신호를 보내다
698	**taste** [teist]	동 1 ~한 맛이 나다 2 ~을 맛보다 명 맛	□ **taste** fresh food 신선한 음식을 맛보다 □ a sweet **taste** 단 맛

내신 심화 단어

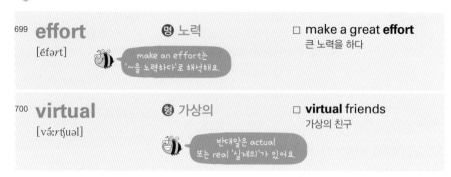

| 699 | **effort** [éfərt] | 명 노력 | ☐ make a great **effort** 큰 노력을 하다 |

make an effort는 '~을 노력하다'로 해석해요.

| 700 | **virtual** [və́:rtʃuəl] | 형 가상의 | ☐ **virtual** friends 가상의 친구 |

반대말은 actual 또는 real '실제의'가 있어요.

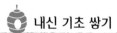 내신 기초 쌓기

Track **35-1**

● 빈칸에 알맞은 말을 넣어 문장을 완성하세요.

1 우리는 말린 해초, 물, 그리고 식초가 필요해.

→ We need ⬚ seaweed, water, and vinegar.

2 너는 더 적은 돈으로 온라인에서 물건들을 살 수 있다.

→ You can buy things online with ⬚ money.

3 와, 이것은 거대한 거미네요.

→ Wow, this is a ⬚ spider.

4 그 요리사는 감자를 조각으로 잘랐다.

→ The chef ⬚ the potatoes into pieces.

5 어두운 하늘은 폭풍우가 오고 있는 것을 의미한다.

→ The dark sky means a ⬚ is coming.

6 나는 그 나무에서 새둥지를 볼 수 있었다.

→ I could see a bird's ⬚ in the tree.

7 세빈은 샐러드를 준비했고 아리는 키위주스를 만들었다.

→ Sebin ⬚ a salad and Ari made kiwi juice.

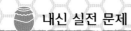

내신 실전 문제

/ 15점

오답률 20%

A 다음 중 단어와 뜻이 <u>잘못</u> 연결된 것을 고르시오. `2점`

① less - 더 적은 ② bake - 굽다 ③ signal - 신호

④ bone - 뼈 ⑤ prepare - 야기하다

오답률 25%

B 다음 주어진 문장의 빈칸에 가장 적절한 단어를 고르시오. `2점`

Too many cars _____ air pollution.

너무 많은 차들이 대기 오염을 야기한다.

① prepare ② cause ③ feel ④ cut ⑤ bake

오답률 30%

C 다음 문장을 영작할 때 <u>여섯 번째</u>로 올 단어를 보기에서 고르시오. `2점`

> 보기 우리는 매일 자연의 아름다움을 본다.
> every / beauty / we / of / the / day / nature / see

① the ② see ③ nature ④ of ⑤ beauty

오답률 50%

D 다음 중 단어의 영영 풀이가 <u>잘못된</u> 것을 고르시오. `2점`

① dried: not still wet

② asleep: in a state of sleep

③ giant: little in size or amount

④ tip: a piece of useful advice

⑤ nest: a home built by birds for their eggs

오답률 80%

E 주어진 단어들을 우리말과 같은 뜻이 되도록 바르게 배열하시오.

1 이 딸기들은 단맛이 난다. `3점`

(strawberries / taste / these / sweet)

_____

2 너는 너의 나쁜 습관을 바꾸기 위해 더 노력을 해야 한다. `4점`

(bad / effort / more / to / you / have to / make / change / your / habit)

_____

정답

● Index

정답

DAY 01

내신 기초 쌓기

1 much　　**2** name　　**3** people
4 answer　　**5** little　　**6** blind
7 other

내신 실전 문제

A ④　　B ④　　C ②　　D ③

E **1** They began to talk.
2 They show their love in different ways.

DAY 02

내신 기초 쌓기

1 boil　　**2** already　　**3** practices
4 moment　　**5** general　　**6** drawing
7 silver

내신 실전 문제

A ④　　B ③　　C ②　　D ④

E **1** His shoes are dirty.
2 A park ranger told us the fact.

DAY 03

내신 기초 쌓기

1 habit　　**2** possible　　**3** nature
4 final　　**5** control　　**6** hunger
7 invited

내신 실전 문제

A ③　　B ④　　C ①　　D ③

E **1** What do you do to keep healthy?
2 There are over three million pieces of art.

DAY 04

내신 기초 쌓기

1 frightened　　**2** northern　　**3** twin
4 without　　**5** soil　　**6** counted
7 bitter

내신 실전 문제

A ④　　B ②　　C ⑤　　D ①

E **1** Does her plan look good?
2 My dog growled at something near the fence.

DAY 05

내신 기초 쌓기

1 skip　　**2** least　　**3** download
4 stingy　　**5** brings　　**6** insects
7 history

내신 실전 문제

A ⑤　　B ②　　C ②　　D ③

E **1** It's time to help someone.
2 Minji gets along with her new classmates.

DAY 06

내신 기초 쌓기

1 pork **2** ox **3** energy
4 else **5** strength **6** Movement
7 lot

내신 실전 문제

A ⑤ B ④ C ③ D ②

E **1** My foot hurts badly.

2 There is a big stump over there.

DAY 07

내신 기초 쌓기

1 free **2** loaf **3** know
4 spread **5** lay **6** stand
7 search

내신 실전 문제

A ⑤ B ④ C ① D ⑤

E **1** Kimchi tastes hot and yummy.

2 I received a free invitation ticket.

DAY 08

내신 기초 쌓기

1 grade **2** hunt **3** culture
4 blanks **5** cafeteria **6** seems
7 daily

내신 실전 문제

A ⑤ B ① C ⑤ D ②

E **1** Go straight and turn right.

2 She may laugh during the last scene.

DAY 09

내신 기초 쌓기

1 main **2** elder **3** magazine
4 inform **5** arrest **6** enter
7 fortune

내신 실전 문제

A ③ B ② C ② D ⑤

E **1** Hanji has many tiny holes.

2 There are lots of stone walls on this island

DAY 10

내신 기초 쌓기

1 part **2** able **3** run
4 symbol **5** seed **6** carefully
7 wedding

내신 실전 문제

A ⑤ B ① C ⑤ D ④

E **1** James must have the courage to open the door.

2 She should not hesitate to apologize for her mistake.

DAY 11

내신 기초 쌓기

1 city **2** alone **3** score
4 underwater **5** pour **6** empty
7 choir

내신 실전 문제

A ⑤ B ② C ③ D ③

E **1** The sun rises in the east.

2 She goes into the forest to pick mushrooms.

DAY 12

내신 기초 쌓기

1 space **2** bottom **3** lamp
4 ground **5** beside **6** unhappy
7 palace

내신 실전 문제

A ① B ④ C ④ D ⑤

E **1** The dog always barks loudly.

2 You have to teach your sister table manners.

DAY 13

내신 기초 쌓기

1 contact **2** far **3** guess
4 deaf **5** award **6** firefly
7 amount

내신 실전 문제

A ⑤ B ② C ① D ③

E **1** Unfriendly clerks stared at me.

2 You can use this oil in the small pan.

DAY 14

내신 기초 쌓기

1 opinion **2** important **3** songwriter
4 advice **5** strike **6** situation
7 avoid

내신 실전 문제

A ① B ② C ④ D ④

E **1** She wanted to become our team captain.

2 Everyone in my class can play a musical instrument.

DAY 15

내신 기초 쌓기

1 example **2** gate **3** trade
4 comfortable **5** Statue
6 delivered **7** pleased

내신 실전 문제

A ⑤ B ④ C ③ D ①

E **1** I cannot focus in class.

2 She was quite proud of herself.

DAY 16

내신 기초 쌓기

1 rest **2** pond **3** Bend
4 garbage **5** weight **6** strange
7 forgot

내신 실전 문제

A ④ B ③ C ② D ④

E **1** I think it is your turn.

2 The kid complains about everything.

DAY 17

내신 기초 쌓기

1 farmers **2** traditional **3** *Lord*
4 club **5** shape **6** gives
7 Nodding

내신 실전 문제

A ④ B ④ C ③ D ②

E **1** That sounds very interesting.

2 It is not easy to be a great shepherd.

DAY 18

내신 기초 쌓기

1 miracle **2** above **3** height
4 stage **5** melting **6** failure
7 treat

내신 실전 문제

A ④ B ④ C ⑤ D ②

E **1** Let me introduce myself.

2 Now the chick's parents are ready to leave.(= The chick's parents are ready to leave now.)

DAY 19

내신 기초 쌓기

1 blood **2** punish **3** inside
4 noises **5** pose **6** mayor
7 disease

내신 실전 문제

A ② B ③ C ③ D ⑤

E **1** Physical activity is good for mental health.

2 The old woman spent a lot of money on medicine.

DAY 20

내신 기초 쌓기

1 forever **2** royal **3** bride
4 garlic **5** digest **6** sled
7 trunk

내신 실전 문제

A ③ B ② C ⑤ D ①

E **1** The poor man cooked the goose.

2 Sebin was late for school because she woke up late. (= Because she woke up late, Sebin was late.)

DAY 21

내신 기초 쌓기

1 hall   **2** flat   **3** blanket

4 swing   **5** Alligators   **6** palm

7 favor

내신 실전 문제

A ⑤   B ③   C ①   D ②

E **1** Can you pass me the salt?

    2 Thank you for your time, and congratulations again.

DAY 22

내신 기초 쌓기

1 voice   **2** dropped   **3** front

4 simple   **5** chatting   **6** care

7 trouble

내신 실전 문제

A ③   B ⑤   C ①   D ④

E **1** They clean or fix toys for the children.

    2 Everybody gathered around and smiled together.

DAY 23

내신 기초 쌓기

1 taught   **2** stepmother   **3** yelled

4 blow   **5** while   **6** comic

7 flamingo

내신 실전 문제

A ⑤   B ③   C ③   D ④

E **1** Are you afraid of making the wrong choice?

    2 Blend apple juice and sugar until they are smooth.

DAY 24

내신 기초 쌓기

1 nickname   **2** prize   **3** upset

4 vest   **5** similar   **6** found

7 slowly

내신 실전 문제

A ⑤   B ②   C ②   D ②

E **1** What an exciting day!

    2 The female pilot fought for Korea's independence.

DAY 25

내신 기초 쌓기

1 brave   **2** weekly   **3** household

4 flight   **5** feed   **6** chewy

7 shining

내신 실전 문제

A ①   B ①   C ⑤   D ③

E **1** Turn your waist to the right.

    2 The normal body temperature is 36.5°C to 37.5°C.

DAY 26

내신 기초 쌓기

1 amazing   **2** shade   **3** report
4 master   **5** removed   **6** shell
7 either

내신 실전 문제

A ③   B ②   C ⑤   D ⑤

E **1** Welcome to our booth.
   2 If you finish a marathon, you will feel confident.

DAY 27

내신 기초 쌓기

1 flag   **2** warmth   **3** until
4 golden   **5** lovely   **6** bought
7 voted

내신 실전 문제

A ⑤   B ③   C ④   D ⑤

E **1** A newborn baby has about 300 bones.
   2 It is important to apologize for a mistake.

DAY 28

내신 기초 쌓기

1 wooden   **2** sign   **3** wishes
4 lonely   **5** perfect   **6** denser
7 lizard

내신 실전 문제

A ⑤   B ③   C ①   D ③

E **1** I am glad to hear that.
   2 Do fish live in the ocean near Antarctica?

DAY 29

내신 기초 쌓기

1 polite   **2** snowflakes
3 Cough, Cough   **4** beating
5 prison   **6** slide   **7** collar

내신 실전 문제

A ③   B ⑤   C ③   D ③

E **1** Mina gave a motivational speech.
   2 He tries hard to overcome his limitations.

DAY 30

내신 기초 쌓기

1 block   **2** rhymes   **3** presentation
4 lazy   **5** normal   **6** gently
7 nervous

내신 실전 문제

A ②   B ③   C ①   D ⑤

E **1** We should make a hole for a light bulb.
   2 Minsu won't go anywhere without his dog.

DAY 31

내신 기초 쌓기

1 Global **2** pole **3** present
4 wet **5** yet **6** copy
7 climbed

내신 실전 문제

A ⑤ B ④ C ④ D ①

E **1** The king usually takes a walk with his servant.

2 Let's discuss the problem and find solutions.

DAY 32

내신 기초 쌓기

1 common **2** waste **3** safe
4 several **5** events **6** improve
7 against

내신 실전 문제

A ③ B ④ C ② D ③

E **1** He could not accept his mistake.

2 We have a different teacher for each subject.

DAY 33

내신 기초 쌓기

1 secret **2** wise **3** added
4 rode **5** since **6** pay
7 happen

내신 실전 문제

A ④ B ⑤ C ④ D ②

E **1** Your brother broke my computer.

2 People throw water balloons in the festival.

DAY 34

내신 기초 쌓기

1 remember **2** another **3** still
4 view **5** tough **6** pilot
7 share

내신 실전 문제

A ⑤ B ① C ② D ④

E **1** I can't believe it!

2 They couldn't determine the winner of the game.

DAY 35

내신 기초 쌓기

1 dried **2** less **3** giant
4 cut **5** storm **6** nest
7 prepared

내신 실전 문제

A ⑤ B ② C ③ D ③

E **1** These strawberries taste sweet.

2 You have to make more effort to change your bad habit.

Index

초등권장어휘 ☆
중등권장어휘 ★
교과서 빈도순 •••
••
•

Memo